歇后语1800条

蔡芳◎主编

海南出版社
·海口·

图书在版编目（CIP）数据

歇后语1800条 / 蔡芳主编. -- 海口 : 海南出版社, 2025. 2. -- ISBN 978-7-5730-1713-0

Ⅰ. H136.31

中国国家版本馆CIP数据核字第2025DZ9133号

歇后语 1800 条

XIEHOUYU 1800 TIAO

主　　编：蔡　芳
责任编辑：张　雪
责任印制：郄亚喃
印刷装订：河北松源印刷有限公司
读者服务：张西贝佳
出版发行：海南出版社
总社地址：海口市金盘开发区建设三横路 2 号
邮　　编：570216
北京地址：北京市朝阳区黄厂路 3 号院 7 号楼 101 室
电　　话：0898-66812392　　010-87336670
电子邮箱：hnbook@263.net
经　　销：全国新华书店
版　　次：2025 年 2 月第 1 版
印　　次：2025 年 2 月第 1 次印刷
开　　本：880 mm × 1 230 mm 1/32
印　　张：8.25
字　　数：178 千字
书　　号：ISBN 978-7-5730-1713-0
定　　价：48.00 元

前言

歇后语，是广大人民群众在生活实践中的智慧结晶，其独特的形式和内涵，给人们的语言交流增添了丰富的色彩。它常常利用谐音、比喻、夸张等修辞手法，将两个或多个词语、短句组合在一起，以表达某种特定的含义或形象生动的场景。作为中国民间语言文化的重要组成部分,历来受到大家的青睐，不管是在老百姓的口语中，还是在文人墨客的文学作品、媒体和文化教育中，运用趣味、形象、易懂的歇后语来增强作品的表现力和感染力，已是非常普遍。

歇后语一般由前后两部分组成，前半部分是形象的比喻语，像谜面；后半部分是解释、说明，像谜底。通常在一定的语言环境中，说出前半截，“歇”去后半截，听者就可以领会和猜想出它的本意，所以称为“歇后语”。歇后语说起来生动形象，听起来令人捧腹，千百年来，以其特有的魅力在人民群众中辗转相传，经久不衰。比如“当一天和尚撞一天钟——得过且过”，其形象性和生动性特点可谓表现得淋漓尽致。

因此，在编写本书之前我们做了大量的资料准备工作，共选收历史上流传广、影响大的8000余条目，并从中精心筛选出1800条表达幽默和智慧、反映民族文化、增强语言表现力等常用的编写了这部书。现奉献给广大读者，希望这本宝典对于传承我国优秀文化、增进读者智慧和语言表达有所裨益。

我们将这百读不厌的1800条歇后语，按每条首字的拼音字母次序排列。同音字按笔画排列，笔画少的在前，多的在后。笔画数相同的，按起笔笔形的次序排列。起笔笔形相同的，按第二笔笔形的次序排列，以此类推。轻声条目一般紧接在同形的非轻声条目之后。

每句歇后语下面，都附上了一个或几个常见释义，并对其中的个别难懂字词做了解释,以帮助读者更好地阅读和理解。这些歇后语基本涵盖了生活的方方面面，可以满足读者的不同需求，读者既可以珍藏在案头当辞典用，也可以当故事书看。所选歇后语诙谐风趣、想象丰富、寓意深刻、语言凝练、感染力强，既可以提高自身文学素质，又可以在日常写作、交际中直接引用以增强趣味性和表达深度。

为扩大读者的视野，提高综合运用的能力，我们还在各个字母的条目最后，设置了“试一试”和“歇后语故事”两个功能块。这部分是开放的，既可以参照“试一试”活学活用，还可以通过了解歇后语后面的故事来深化理解和应用。这是本书的一个特点，同时也是一个难点，难免存在这样或那样的错漏，真诚盼望读者批评指正。

相信这里收录的歇后语，总有那么一句，是瞬间让你捧腹或点赞的，且与君共勉。

编者

2024 年 10 月

目录

contents

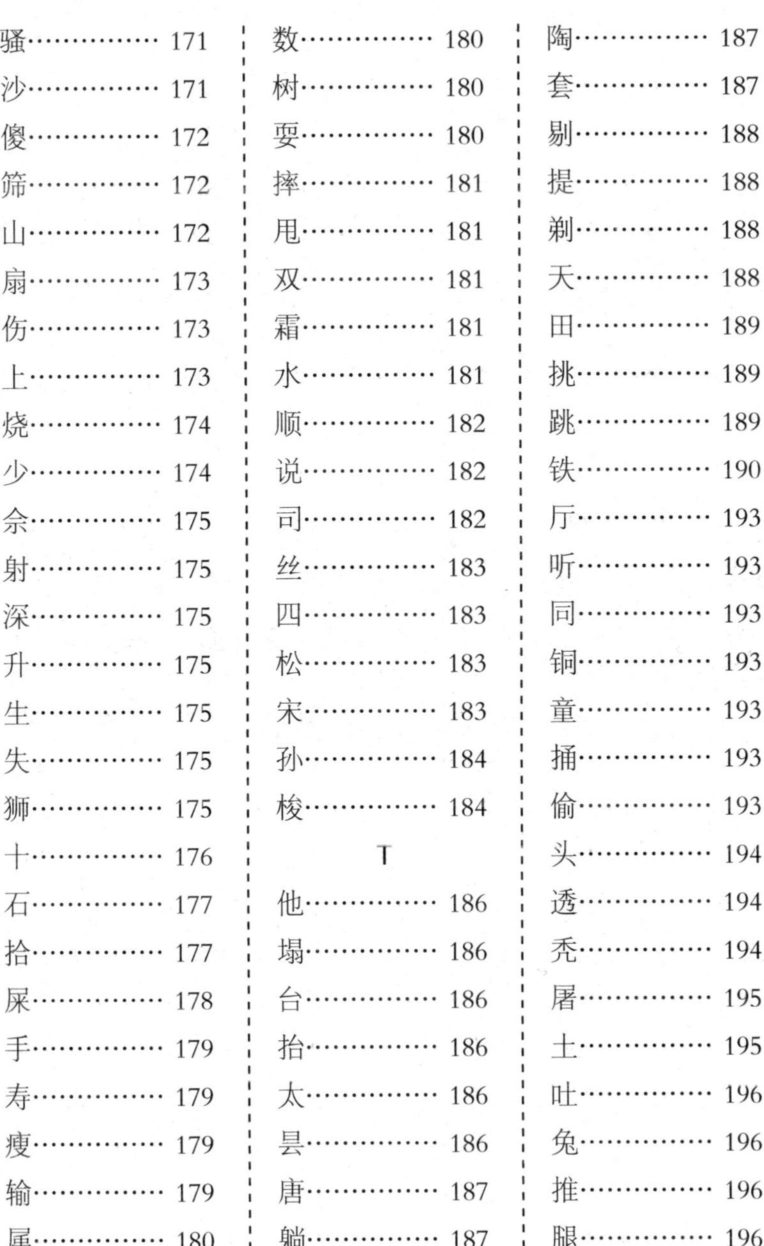

阿斗当皇帝——软弱无能

释义 阿斗：三国时期蜀主刘备的儿子刘禅。阿斗性格软弱，继位为帝后，他名义上是皇帝，实际却由宦官和权臣掌握朝政，以致国势日益衰弱。

阿婆留胡子——反常

释义 胡子通常是男性的一种标志，比喻某事物或现象一反常态或稀罕而使人惊奇。

挨打的狗去咬鸡——拿别人出气

释义 比喻反抗不了比自己势力强或厉害的人，就去欺负那些弱小的人。

挨了刀的皮球——瘪了

释义 皮球被尖锐的东西划破，自然就瘪了。形容一个人遇到了挫折，精神萎靡、垂头丧气的样子。

矮子踩高跷——取长补短

释义 学习别人的长处，以弥补自己的不足。也泛指在同类事物中取这个的长处来补那个的短处。

矮子里面拔将军——将就材料(短中取长)

释义 指从现有的并不出色的人或事物中勉强选出相对较好的。

爱打半边鼓——旁敲侧击

释义 比喻说话或写文章不从正面直接点明，而是故意绕弯子，隐晦曲折地表达意见。

爱叫的鸟儿——没吃的肉(不做窝)

释义 喜欢叫唤的鸟儿，不愿意去寻找食物或做窝。比喻喜欢空谈的人，没有实际行动和创造力。

岸上看人溺水——见死不救

释义 看见别人有急难而不去救援，形容冷漠无情、袖手旁观的态度。

案板顶门——管得宽

释义 管了与自己不相干的事情，形容人多管闲事。

案板上的肉——任人宰割

释义 比喻命运掌握在别人手里，只能任人摆布。

暗地里耍拳——瞎打一阵

释义 形容做事没有明确的目标和方向，随意而为。

暗锁加明锁——层层设防

释义 比喻严防死守，防备措施非常严密。

试一试

1. 同学之间在学习上要互相帮助，这样才能矮子踩高跷——________________。

2. 生活中对那些孤苦无依之人我们不能岸上看人溺水——________________。

参考答案 1. 取长补短 2. 见死不救

歇后语故事

爱打半边鼓——旁敲侧击

“旁敲侧击”出自清代吴趼人的小说《二十年目睹之怪现状》第二十回：“只不过不应该这样旁敲侧击，应该要明亮亮的叫破了他。”这个歇后语用来比喻说话、写文章不从正面直接点明，而是故意绕弯子，隐晦曲折地将意见表达出来。

在生活中，批评别人或给别人提出建议时，即便是好言相劝，也应该讲究说话的技巧，切忌直来直去，当面顶撞，这样更能实现规劝或交谈的目的，从而避免彼此的尴尬。这就是爱打半边鼓——旁敲侧击。

B

八磅大锤钉钉子——稳扎稳打

释义 比喻有把握、有步骤地做事。

八个麻雀抬轿子——担当不起

释义 担当：接受并负起责任。形容没有能力或资格承担某种责任或名声。

八十岁比高低——老当益壮

释义 形容年纪虽大，但斗志更强，干劲更大，不输年轻人。

八十岁老人进幼儿园——返老还童

释义 比喻老人年龄虽大，心态或行为却如年轻人一般有活力。

八仙过海——各显神通(能行风的行风，能下雨的下雨)

释义 八仙：神话传说中的八位神仙，他们各有法术。形容做事各自有一套办法。也比喻各自拿出本领来互相竞赛。

八月十五办年货——赶早不赶晚

释义 指做事宁早勿晚，以便争取主动。

八月十五桂花香——花好月圆

释义 形容中秋佳节的美好圆满景象。多用于祝贺别人新婚。

巴掌打空气——劳而无功

释义 指花费了力气，却没有收到成效。

扒了墙的庙——慌(荒)了神

释义 一语双关，本义指惊扰了神仙，另形容人在失去依靠或支撑后，变得不知所措。

叭拉狗咬月亮——不知天多高

释义 比喻不知道自己有多大本事，不自量力。也形容狂妄无知。

芭蕉敲鼓——面面点到

释义 比喻各方面都考虑到了，没有疏漏。

拔了萝卜有眼在——不得白用力

释义 就像拔掉萝卜会留下洞一样，做事不会白白付出努力，会有所收获。

把妖魔当成菩萨拜——善恶不分

释义 指好坏不分。

把状元关到门背后——埋没了人才

释义 比喻不重视有才能的人，使其不能发挥作用。

霸王别姬——无可奈何

释义 姬：指西楚霸王项羽的宠妾虞姬。原形容英雄末路的悲壮情景。现指感到没有办法，只有这样了。

白菜烩豆腐——谁也不沾谁的光

释义　指互不依赖，互不相帮。

白菜叶子炒大葱——亲(青)上加亲(青)

释义　指关系上又近了一层。

白骨精见了孙悟空——现原形了

释义　现：显露。原形：本来的形状、样子。指本质完全显露出来。

白骨精说人话——妖言惑众

释义　用荒谬的鬼话迷惑人。

白骨精照镜子——里外不是人

释义　比喻做事两面不讨好，到处受人埋怨。

白毛乌鸦——与众不同

释义　指与周围事物不一样，很有自身的个性和特点。

白脸蛋上打粉——可有可无

释义　可以有，也可以没有。指无关紧要或不重要的人或事物。

白娘子救许仙——尽心尽力

释义 指费尽心力。比喻一个人做事非常卖力，已用尽了自己的所有心力和努力。

白娘子遇许仙——千里姻缘一线牵

释义 旧时认为夫妻的婚配是命中注定，由月下老人暗中用一根红线牵连而成，现比喻夫妻间的缘分。

白素贞哭断桥——想起了旧情

释义 比喻想念过去的交情，情意无限。

白糖掺进蜂蜜里——甜上甜

释义 形容某件事情已经很好，再加上更好的东西，就会变得更好。

白天开灯——多此一举

释义 指完全没有必要。

《百家姓》里的老四——说的是理(李)

释义 百家姓的第四个姓氏是李。指合乎道理，得到别人的肯定。

百斤担子加铁砣——重任在肩

释义 比喻担负着很重大的责任。

百里奚认妻——位高不忘旧情

释义 百里奚：春秋时楚国人，出身贫寒，后辗转成为秦国大夫。

指富贵时不要忘记贫贱时的朋友，不要抛弃共同患难的妻子。

百米赛跑——分秒必争

释义　一分一秒也要争取。形容抓紧时间。

百年的大树——根深蒂固

释义　比喻基础稳固，不容易动摇。

百岁老人做大寿——四世同堂

释义　指子孙满堂。

百岁养儿子——得之(子)不易

释义　指某些珍贵或难得的事物、机会。

扳着指头算账——有数

释义　指了解情况，很有把握。

班门弄斧——自不量力

释义　班：指鲁班，战国时期一个善于制作精巧器具的能手。在鲁班门前舞弄斧子，卖弄自己的才能。比喻自视过高，不能正确估量自己的能力。

斑马的脑袋——头头是道

释义　形容说话、做事很有条理。也特指说话很有水平、逻辑性强。

搬起石头砸自己的脚——自作自受

释义　比喻本来想害别人，结果害了自己。

板门上贴门神——一个向东，一个向西

释义 指各走各的路，互不相干。

半个铜钱——不成方圆

释义 比喻做事没有规矩，不遵循一定的法则。

半斤对八两——一码事

释义 指彼此不相上下，实力相当。

半空中吊帐子——不着实地

释义 形容言论空泛，不切实际，离题太远。

半路杀出个程咬金——出了岔(措手不及；突如其来)

释义 形容事情发生得太突然，让人来不及准备。

半路上留客人——嘴上的热情

释义 指做表面功夫，缺乏诚意。

半路上碰见劫道的——凶多吉少

释义 指事态的发展趋势不妙，可能会遭遇不幸或弊大于利。

半身躺在棺材里——等死

释义 形容某人处境极其危急或生命垂危，即将面临死亡。

半天云里跑马——露马脚

释义 比喻显出破绽，暴露真相。

半天云里长满草——破天荒

释义 指以前从来没有出现过的事，或第一次出现的事。

半天云里做演说——高论

释义 指脱离实际，漫无边际地大发言论。

半夜里弹琴——暗中作乐

释义 暗中：背后；偷偷地。指暗地里寻找快乐。

半夜爬山——不知高低

释义 形容说话或做事分不清深浅轻重。也比喻不明白内情、不知道究竟。

半夜三更放鞭炮——一鸣惊人

释义 比喻平时没有什么突出表现，却一下子做出惊人的成绩。

半夜做噩梦——虚惊一场

释义 指不必要的惊慌。

棒槌吹火——一窍不通

释义 比喻什么都不懂。常用于讽刺他人的愚蠢和糊涂行为。

包办的婚姻——不由自主

释义 指由不得自己。

包工头监工——动口不动手

释义 形容那些会说不会做，只知道指挥别人做事的人。也指君子动口不动手。

包公审案子——铁面无私（六亲不认）

释义 形容像包公断案一样公正严明，秉公执法，不怕权势，不讲情面。

包公铡驸马——刚正不阿（公事公办）

释义 形容为人刚强正直，不阿谀逢迎。

包脚布上飞机——一步（布）登天

释义 一下子就达到很高的境界或程度，比喻人突然得志，爬上高位。

包老爷（包公）办案——明察秋毫

释义 察：看出。秋毫：秋天鸟兽身上新生的细毛。形容目光敏锐，连极细小的事物也能看得很清楚。

包龙图断案——认理不认亲

释义 形容人在处理问题时公正无私，只认理不讲情面。

包子出了糖——露了馅儿

释义 比喻不愿意让人知道的事情暴露出来了。

剥开皮肉种红豆——入骨相思

释义　指男女之间相互爱慕，难以忘却。

抱在怀里的西瓜——十拿九稳

释义　比喻办事非常有信心或很有把握。

抱着黄连做生意——苦心经营

释义　经营：筹划，管理。比喻用尽心思去筹划安排事情或进行艺术构思。

抱着蜡烛取暖——无济于事

释义　济：补益。对事情没有什么帮助或益处，比喻根本不能解决问题。

抱着琵琶进磨坊——对牛弹琴

释义　比喻跟不讲道理的人讲道理，对不懂得美的人讲风雅。也用来讥讽人讲话时不看对象。

抱着枕头做好梦——空喜一场

释义　美好的期待或愿望落空，比喻没能实现不切实际的幻想或希望。

豹子进山——浑身是胆

释义　浑身：全身。形容胆量大，无所畏惧。

爆炒鹅卵石——不进油盐(油盐不进)

释义　形容人十分固执，不听别人劝或听不进去好话。

背菩萨下河——劳(淘)神

释义 指耗费精神，多指不情愿干某事。也形容小孩子淘气让人不省心。

背着棺材上战场——往最坏处想(豁上命)

释义 形容人已经做了最坏的打算，敢于豁出命去追求。

背后拉弓——暗箭伤人

释义 暗中射箭杀伤别人。比喻暗中进行伤人的行为或诡计。

背靠背走路——各奔东西

释义 各：各自。奔：奔向。各自走各自的路，借指分手。

背上被刺扎——不能自拔

释义 指陷入困境，难以使自己从中解脱出来或无法自救。

被单补袜子——大材小用

释义 把大材料当成小材料用。比喻使用不当，浪费人才。

被窝里喂虎——害人又害己

释义 指本想设计去陷害别人，结果自己也身受其害。

逼公鸡下蛋——故意刁难

释义 形容故意迫使人去做不愿意做的事。

鼻尖上的黑痣——近在眼前

释义　常指苦心寻觅的东西或人，其实就在自己的身边，而自己却没有发现。

鼻梁碰着锅底灰——触霉头

释义　指碰到不愉快的事，倒了霉。

鼻子里插大葱——装相(象)

释义　指故意装模作样。

笔杆子吞进肚——胸有成竹

释义　成：现成。原意是画竹子之前，心里已经有了竹子的形象。后用以比喻办事以前，已经有了全面的设想和安排。

闭眼吃虱子——眼不见为净

释义　看不见烦恼的事情，内心就清净。形容心里虽介意，但又没有办法，只好撇开不管。

闭着眼睛过河——听天由命

释义　比喻放弃主观努力，任凭事态的发展。

闭着眼睛哼曲子——心里有谱

释义　指对情况和问题有基本的了解，处理事情有一定把握。也指对待一件事或一个人时，明白该用什么样的正确方式进行。

壁虎捕食——出其不意

释义 其:代词,对方。不意:没有料到。趁对方没有意料到时就采取行动。后泛指出乎别人的意料。

壁角里使镢头——挖墙脚

释义 将墙的下半部挖掉,会导致墙整体失衡而倒塌。比喻拆台。今指挖取竞争对手的相关人员、技术等资源,以增强自己的实力,让利益达到最大化。

鞭杆当笛吹——没心眼儿

释义 指一个人思想单纯,没什么城府,不会深谋远虑。

扁担吹火——一窍不通

释义 没有一窍是贯通的。比喻对某方面外行,一点儿也不懂。也比喻思想一点儿不开窍。

变戏法的功夫——手疾眼快(眼疾手快)

释义 形容做事机警,反应快,动作敏捷迅速,眼光敏锐。

冰山上画画——好景不长

释义 美好的光景不能持久存在。

兵来将挡,水来土掩——一物降一物(各有办法)

释义 敌人来了会有将军率兵抵挡,洪水来了会有用土修筑的堤坝抵挡。指根据具体情况来决定对策。

病好打太医——恩将仇报

释义 拿仇恨回报所受的恩惠。指忘恩负义。

病入膏肓——没治了

释义 古人把心下微脂叫“膏”，膈上薄膜叫“肓”，认为药力难及。指病人病情已经十分严重，基本上无药可救了。

玻璃棒槌——中看不中用

释义 好看却不好用，指外表美却没有实用价值。

玻璃耗子琉璃猫，铁铸公鸡铜羊羔——一毛不拔

释义 形容为人非常吝啬自私。

玻璃铺的家当——不堪一击

释义 不堪：经不起。指力量薄弱经不起一击。也形容论点不严密经不起反驳。

菠菜煮豆腐——一清(青)二白

释义 比喻十分清白。也比喻非常清楚。

薄情郎休妻——另有新欢

释义 指又有了新的恋人。

跛脚青蛙碰着瞎田鸡——难兄碰到难弟

释义 指共患难或处于同样困难境地的人。

不挨皮鞭挨砖头——吃硬不吃软

释义 好言好语不听从，态度一强硬反而屈从了。形容人外强中干，欺软怕硬。

不犯王法坐大牢——冤枉

释义 指没有事实根据而给人加上恶名，或者没有犯法，却因冤枉遭受了不公正的待遇或惩罚。

不是鱼死，就是网破——有你无我

释义 只要有了我，就没有你存在的必要；或者有了你，就没有我存在的必要。形容双方仇恨极深，斗争激烈，不能共存。

布机上的棉线——千头万绪

释义 比喻头绪非常多。也形容事情复杂纷乱。

试一试

1. 做作业一定要八月十五办年货——____________，不要等到快开学时才慌慌张张地赶作业。
2. 他平常学习很刻苦，所以每次考试都是笔杆子吞进肚——____________。

参考答案 1. 赶早不赶晚 2. 胸有成竹

歇后语故事

半夜三更放鞭炮——一鸣惊人

“一鸣惊人”最早出自战国时期的《韩非子·喻老》。楚庄王莅政三年，无令发，无政为也。右司马御座而与王隐曰：“有鸟止南方之阜，三年不翅，不飞不鸣，嘿然无声，此为何名？”王曰：“三年不翅，将以长羽翼；不飞不鸣，将以观民则。虽无飞，飞必冲天；虽无鸣，鸣必惊人。”“一鸣惊人”原义是一叫就使人震惊，后来常用于指一个人平时没有什么突出表现，却一下子做出了惊人的成绩。

擦粉进棺材——死要面子

释义 比喻把脸面看得非常重要。

才过门的媳妇见公婆——唯唯诺诺

释义 诺诺：答应的声音。形容人没有主意，一味附和，恭顺听从的样子。

才脱了阎王，又撞着小鬼——祸不单行

释义 指不幸的事往往接二连三地发生。

才子佳人结鸳鸯——好事成双

释义 指好事成对地出现。

财神爷放账——无利可图

释义 没有利益可谋求。比喻谋取不到任何好处。

财神爷休妻(息)——不为穷人着想

释义 比喻不会设身处地地去为穷人考虑。

财神爷着烂衫——人不可貌相

释义 指不能用相貌、衣着这些因素去判断一个人。

裁缝不带尺——存心不良(量)

释义 存心：怀着某种心思或打算。一般指存着坏心眼儿。

裁缝铺扯筋——争长论短

释义 扯筋：闹矛盾。长、短：指是与非。争论谁是谁非。多指在不太重要的事情上过于计较。

裁缝师傅的手艺——量体裁衣

释义 按照身材裁剪衣服，比喻按照实际情况办事。

裁缝绣娘——各干一行

释义 指各人干自己所擅长的工作。

踩虎尾，踏春冰——冒险

释义 比喻处境非常危险。也指不顾主客观条件的盲动、蛮干。

踩着麻绳当蛇——大惊小怪

释义 将本没有什么的事情看得过于严重，小题大做，或表现得过分惊讶。

菜园里的垄沟——四通八达

释义 四面八方都有路可通，形容交通极为便利。

参谋皱眉头——一筹(愁)莫展

释义 筹：古代用来计算的用具，也叫算筹，这里指筹划。形容一

点儿办法也想不出来，事情没有任何进展。

灿烂的朝霞——红红火火

释义　形容繁荣的形势或经济优裕的生活。

苍蝇吹喇叭——自不量力(不自量力)

释义　指过高地估计自己的力量。

苍蝇叮鸡蛋——无孔不入

释义　孔：小洞。比喻看见有空子就迫不及待地往里钻。

苍蝇进虎口——不够塞牙缝

释义　形容食物太少，根本不够吃。也比喻消灭对手毫不费力。

苍蝇围着厕所转——臭味相投

释义　比喻有坏毛病、恶劣习气的人在志趣、习惯等各方面都相同，彼此合得来。

操练的士兵——步调一致

释义　步调：行进的步伐。比喻行动和谐一致。

曹操的人马——多多益善

释义　指越多越好，不厌其多。

曹操杀华佗——讳疾忌医

释义　比喻怕人批评而掩饰自己的缺点和错误。

曹操战宛城——大败而逃

释义　形容战败后仓皇逃命。也泛指一般斗争中的惨败。

草船借箭——满载而归(巧用天时)

释义　载：装。归：返回。装得满满的回来。形容收获很大。

草原上放牧——漫无边际

释义　漫：广阔。形容非常广阔，一眼望不到边。也比喻说话、写文章等没有中心，离题太远。

茶壶打掉把儿——只剩一张嘴了

释义　比喻行事乖巧，能说会道，但没有什么真本领。

茶壶里下元宵——只进不出

释义　比喻非常吝啬，只许别人给他东西，他的东西从不给外人。或者只想得到，不想付出。

茶壶里煮饺子——心中有数

释义　比喻对情况和问题有大概的了解或有一定的把握，即心里有底。

茶铺里不要的伙计——哪一壶不开单提哪一壶

释义 比喻人说话做事不合时宜，说不该说的话，做不该做的事。

岔路上分手——各奔前程

释义 奔：奔向。各走各的路，寻找自己的前途。比喻各人向自己确定的目标努力。

拆房逮耗子——得不偿失(大干一场)

释义 所得的利益抵偿不了所受的损失。

拆了鞋面做帽檐——顾头不顾脚

释义 比喻只顾眼前利益，不顾今后，缺乏通盘计划。也形容做事或考虑事情不够仔细周到。

豺狼朝羊堆笑脸——阴险歹毒

释义 指表面上做好人，背地里搞鬼。

豺狼请客——没安好心(居心不良)

释义 指内心深藏着恶意或阴谋。

馋嘴巴走进药材店——自讨苦吃

释义 指一个人明明可以不必受苦，却因为某种心态作祟，而迎上前去吃苦。

常胜将军回朝——凯旋归来

释义 泛指被派出去的军队、组织、机构或个人，圆满地完成任务后载誉归来。

嫦娥跳舞——两袖清风

释义 原指两袖迎风而起，飘飘扬扬的样子。后多用于比喻做官非常清廉，除了衣袖中的清风，其他别无所有。

唱戏的打板——一五一十

释义 五个十个地将数目点清。比喻叙述从头到尾，原原本本，没有遗漏。也形容查点数目一清二楚。

朝廷的太监——后继无人

释义 继：继承。没有后人来继承前人的事业。

炒了一盆麻雀脑袋——多嘴多舌

释义 比喻说了不该说的话。

车载千斤有地担——与己无关

释义 认为事情和自己没有关系，把它远远地丢开不管。比喻以旁观者心态看待事情。

扯掉画皮的恶鬼——凶相毕露

释义 指原来伪装和善，遇到事情就露出了真面目。

陈世美不认秦香莲——喜新厌旧

释义 陈世美是明代小说《包公案》中的人物，是文学作品中负心汉的代名词。喜欢新的，厌弃旧的，多用来形容对爱情不够专一的人。

趁圪台下马——自找台阶

释义 指寻找脱离尴尬局面或困窘境况的借口。

趁水踏沉船——助人为恶

释义 比喻帮助恶人做坏事。

撑船不用篙——任其自流

释义 自流：自然地发展。指任凭事态自然地发展，不加指导或过问。

成对的蝴蝶——比翼双飞

释义 比翼：比翼鸟，出自《尔雅·释地》，传说此鸟一目一翼，雌雄结合在一起才能飞。比喻夫妻恩爱、相伴不离或男女情投意合，在事业上并肩前进。

城隍庙里的判官——龇牙咧嘴

释义 露出牙齿，咧开嘴巴。形容相貌凶狠或样子难看。也比喻让人难以忍受的怪模样。

城墙上挂钥匙——开诚(城)相见

释义 指两个人互相真诚地对待对方，把自己的想法毫无保留地告诉对方。

程咬金拜大旗——众望所归

释义 望：希望；期望。归：归向。形容某人威望很高，受到大家的敬仰和信赖。

程咬金的斧子——头三下

释义 比喻做事起初声势很大，但后来不能坚持。

秤杆掉了星——不识斤两

释义 形容不识货，没有眼力见儿。

秤砣囫囵吞——铁了心

释义 指拿定了主意，不再改变。

吃瓜子吃出虾米来——什么人(仁)都有

释义 比喻社会很大，各种人品、各种长相、各种性格的人都有。

吃过黄连喝蜂蜜——先苦后甜

释义 形容先经历苦难，然后过上幸福甜蜜的日子。

吃家饭屙野屎——吃里爬外(吃里爬外)

释义 比喻背叛自己的集体去为别人办事。

吃辣的送海椒(辣椒),吃甜的送蛋糕——投其所好

释义　指迎合别人的喜好。

吃了冬眠灵——昏昏欲睡

释义　指昏昏沉沉,没有精神,很想睡觉。也形容极其疲劳、精神萎靡不振的样子。

吃了雷公的胆——天不怕地不怕

释义　形容无所畏惧,什么都敢干。

吃了砒霜再上吊——必死无疑(死定了)

释义　形容某人一定会死,不容置疑。

吃了算盘子——心里有数

释义　指对情况有基本的了解,处理事情有一定把握。

吃了鱼钩的牛打架——钩心斗角

释义　原指宫室建筑的内外结构精巧细致,后泛指诗文的布局结构精巧。现多比喻人与人之间的明争暗斗。

吃雷公屙火闪——胆大包天

释义　胆子大得能把天包容下。形容毫无顾忌地干坏事或大胆地乱做事。

吃桑叶吐丝——肚里有货

释义 比喻人有学问或有主意。

吃稀饭泡汤——亲(清)上加亲(清)

释义 原是亲戚,又结姻亲,指亲戚内部再有儿女亲事。也形容关系十分紧密。

吃咸菜蘸酱油——多此一举

释义 举:行动。指做多余的、不必要的事情。

吃枣不吐核儿——囫囵吞枣

释义 原指把枣儿整个吞下去,不加咀嚼,不辨滋味。后用来比喻读书等不加分析地笼统接受。

吃着黄连唱歌——以苦为乐

释义 形容人在面对困难和苦难时,能够保持乐观的心态,不以为苦,反而能从中寻找到乐趣或坚持下去的勇气。

吃着油条唱歌——油腔滑调

释义 形容说话轻浮油滑,不诚恳、不严肃。通常用来形容做事态度轻浮、没有实话的人。

池塘里的藕——心眼儿多

释义 指一个人想问题比别人想得多,考虑周到。也形容一个人阴险,工于心计。

赤脚拜观音——诚心实意

释义 形容待人接物十分真挚诚恳。

崇祯皇帝上吊——走投无路

释义 投：投奔。指无路可走，已到绝境。也比喻处境极其困难，找不到任何出路。

抽了脊梁骨的癞皮狗——扶不上墙

释义 比喻由于能力差或水平低，通过帮助或培养也成不了气候或见不得世面。

仇人相见——分外眼红

释义 眼红：激怒的样子。仇敌碰在一起，彼此更加激怒。

丑姑娘嫁俊女婿——混着过

释义 比喻苟且地生活。

出洞的老鼠——左顾右盼(东张西望)

释义 顾：回头看。向左看看，向右望望。形容得意或警戒的神态。

出笼的鸟儿——有去无回

释义 指只有出去的，没有回来的。

出门坐飞机——远走高飞

释义 指像野兽一样远远跑掉，像鸟儿一样远远飞走。也比喻人跑到很远的地方去。多指摆脱困境去寻找新的出路。

出水的虾——又蹦又跳(连蹦带跳)

释义 指精力充沛，充满活力的样子。

出土的陶俑——总算有了出头之日

释义 出头：摆脱困境。指从困厄、冤屈和压抑的处境中摆脱出来。

初二三的月亮——不明不白

释义 指说话含含糊糊，很不清楚。也形容行为暧昧。

初生的牛犊——不怕虎

释义 形容涉世不深的青年人敢说敢做，无所畏惧。也比喻缺少经验，不知危险。

除夕夜守岁——除旧迎新

释义 指告别旧的一年，迎接新的一年。

楚霸王自刎——身败名裂

释义 指地位丧失，名誉败坏，遭到彻底的失败。

楚庄王猜谜语——一鸣惊人

释义 比喻平常不露声色，突然做出惊人的事情。

穿草鞋戴礼帽——不伦不类(不相称)

释义 伦：同类。既非这一类，又非那一类。形容人的着装不得体或说话没有道理，颠三倒四。也形容事物不成样子或不规范。

穿汗衫戴棉帽——不知春秋

释义 形容不识时务，不合时宜。

穿木屐上高墙——胆战心惊(战战兢兢)

释义 战：发抖；哆嗦。形容非常害怕。

穿破衫戴礼帽——不成体统

释义 体统：格局；规矩。指言行没有规矩，不成样子。

传说中的八仙——各有千秋

释义 各有各的存在价值。比喻在同一层次内各有各的长处和特色。

船到江心才补漏——晚了

释义 指挽回不了或很难挽回了。也比喻补救不及时，对事情毫无帮助。

船到竹篙撑——随机应变

释义 机：时机；形势。根据形势的各种变化采用不同的方式去应对。

船头上撒网——纲举目张

释义 纲：渔网上的总绳。举：提起。把大绳子一提起来，一个个网眼就都张开了。比喻抓住事物的关键，就能带动其他环节。也比喻文章条理分明，层次清晰。

床单做鞋垫——大材小用

释义 把大的材料当成小的材料用。比喻用人不当，浪费人才。

床底下吹喇叭——低声下气

释义 说话声音小而低沉，形容说话时恭顺、卑微的样子。

床底下翻跟头——碍上碍下

释义 指多方受阻，难以顺利做事。也指妨碍他人做事，使人感到不方便。

床上的花枕头——置之脑后

释义 指放在一边不理不睬。比喻根本不把人或事情放在心上。

床头上捡钱——自己哄自己

释义 指明明知道真相，却欺骗自己，不肯面对现实。

吹灯讲故事——瞎说

释义 指没有根据地乱说话，不可信。

吹口哨过坟场——自己给自己壮胆

释义 比喻本来心虚有所畏惧，却设法使自己镇定，以增加自己的勇气和胆量。

吹喇叭扬脖——起高调

释义 比喻尽说不切实际的漂亮话，而不真正去做。

吹气入竹笼——劳而无功

释义 劳：劳累；劳苦。功：功效；成效。指花费了力气却没有收到成效。

炊事员行军——替人背黑锅

释义 指蒙受冤屈或代人受过。

春茶尖儿——又鲜又嫩

释义 指既新鲜又娇嫩。

春江水暖——鸭先知

释义 鸭子在水中游戏，它们总是最先察觉到初春江水的回暖。比喻只有亲身体会，才能真正感知事物的本来面目。

春天的竹笋——节节向上

释义 比喻地位、职位、业绩等不断提高。

慈禧太后手下的光绪皇帝——当家不做主(有职无权)

释义 指空有虚名或虚职,无实际可用的权力。

刺笆林里放风筝——胡搅蛮缠(胡缠)

释义 蛮:粗野,不通情理。故意捣乱,不讲道理而且纠缠着不放。

刺猬的脑袋——不是好剃的头

释义 指某人不随和,很难打交道。

葱头不开花——装什么蒜

释义 指某人假装什么都不知道,或故意装腔作势。

从河南到湖南——难(南)上加难(南)

释义 形容做事情或开展工作极端困难。

从墓坑里爬上来——死里求生

释义 指在极其危险的境地中求得生存。

崔莺莺患病——心病还得心药医

释义 指心里的忧虑或思念逐渐变成了精神负担,必须消除造成这种精神负担的因素才能彻底解决病痛。

矬子爬墙头——想出人头地

释义 矬子:身材矮小的人。地:地位。指天赋不出众的人想要做出一番成就。

矬子骑骆驼——上下两难

释义 指无论怎么办都有难处。也指陷入两难的困境中，不易做出决定。

错把洋芋当天麻——不知好歹(好歹不分)

释义 好歹：好与坏。指做人不辨是非，也不能正确领会别人的好意。

试一试

1. 面对敌人的盘问，机智的他船到竹篙撑——________________，顺利脱险。
2. 小王的能力有限，你应该采用裁缝师傅的手艺——________________，把这件事交给小李去完成。

参考答案 1. 随机应变　2. 量体裁衣

歇后语故事

船头上撒网——纲举目张

“纲举目张”出自战国时期吕不韦的《吕氏春秋·用民》：“有纪有纲，一引其纪，万民皆起，一引其纲，万目皆张。”把大绳子一提起来，一个个网眼就都张开。比喻只要抓住事物的关键，就能带动其他环节。也比喻文章条理分明。

D

搭房子封屋顶——铺天盖地

释义 形容来势猛，声势大，到处都是。

搭起戏台卖螃蟹——买卖不大，架子不小

释义 比喻表面上气势汹汹，内里却空虚怯弱。

搭梯子上天——走投无路

释义 投：投奔。比喻陷入了绝境，找不到出路。

打靶中靶心——不偏不倚(恰到好处)

释义 指说话做事正好到了最合适的地步。

打出枪膛的子弹——有去无回

释义 只有出去的，没有回来的。指人一去再不回来，或东西拿出去再也收不回来。

打翻了五味瓶——不知啥滋味

释义 比喻生活中的各种滋味，酸甜苦辣咸，样样都有。

打狗看主人——势利眼

释义 指待人接物是以对方财势的多寡大小而决定亲疏高下的关系。

打好的渔网——心眼儿多

释义 想问题比别人想得多，比喻很有心计。

打开棺材治好病——起死回生

释义 把快死的人救活。形容医术非常高明。也形容手段很高明，能挽救看起来没有希望的事物。

打开天窗——说亮话

释义 比喻无须回避，直截了当地公开说明。

打了败仗的士兵——溃不成军

释义 溃：垮台；溃败。军队被打垮，散乱得不成队伍。形容遭到惨败。

打猎人瞄准——睁只眼，闭只眼

释义 比喻遇事容忍迁就，逃避斗争。或假装没有看见，故意不加理睬。

打破嘴巴骂大街——血口喷人

释义 比喻用恶毒的话来诬蔑陷害他人。

打伞披雨衣——多此一举

释义 举：行动。指做多余的、不必要的事情。

打扇抽烟——煽(扇)风点火

释义 指鼓动或煽动别人闹事。

打蛇不死——后患无穷

释义 指今后的祸害及忧患没有穷尽。

打手击掌——一言为定

释义 一句话说出了,就不再更改。比喻说话算数,决不反悔。

打水摇辘轳——抓住把柄了

释义 指抓住了可以进行要挟或攻击的凭证。

打铁的分家——另起炉灶

释义 比喻放弃原来的,另外从头做起。

打兔子捉到黄羊——捞外快

释义 指获取额外的好处。

打蚊子喂象——不顶用(无济于事)

释义 济:帮助;补益。对事情没有什么帮助。指解决不了问题。

打一巴掌揉三揉——虚情假意(假情假义)

释义 形容待人毫无诚意,只是表面敷衍了事,虚伪做作。

打油钱不买醋——专款专用

释义 指对指定用途的资金，应按照规定的用途使用，不能挪用。

打枣捎带粘知了——一举两得

释义 举：举动；行动。做一件事，同时得到两方面的好处。

打着灯笼没处找——难得(得之不易)

释义 得到它(某物或某种精神慰藉)很不容易。

打着公鸡下蛋——强人所难

释义 强：勉强。勉强别人去做他不能做或不愿做的事情。

大白天里抢劫——明火执仗

释义 明火：点着火把。执：拿着。仗：兵器。原指强盗公开抢劫。现比喻公开地、毫不隐蔽地干坏事，没有丝毫顾忌。

大虫打哈哈——笑面虎

释义 表面和善，其实很凶狠。比喻一个人外表很和善而内心严厉凶狠。

大虫头，长虫(蛇)尾——虎头蛇尾

释义 比喻做事有始无终，起初声势很大，后来就马马虎虎，劲头越来越小。

大道边上贴布告——路人皆知

释义 比喻人人都知道。多指一些人的罪恶、不良用心、隐秘之事等人人都知道。

大风吹倒梧桐树——有的说短，有的说长

释义 指评论他人的好坏是非。

大风地里吃炒面——有口难开

释义 指有话不方便说出来或不敢说出来。

大佛殿的罗汉——肚子泥

释义 比喻徒有外表而无真才实学的人。

大缸里放针——粗中有细

释义 在粗疏之中也有很细心的地方。形容人说话做事表面粗鲁、随便，实际上却很审慎、细心。

大公鸡吃米——不计其数

释义 没有办法计算它的数目，形容极其多。

大姑娘上轿——头一回(头一遭)

释义 指这件事是自己第一次去干，没有什么经验。

大姑娘讨饭——死心眼(拉不开脸面)

释义 指为人固执死板，不懂得变通。

大姑娘绣嫁衣——穿针引线(细功夫)

释义 使线的一头通过针眼。比喻从中撮合或联系,使双方接通关系。

大姑娘肿脸——难看

释义 比喻当众出丑。

大姑娘做客——羞羞答答

释义 形容害羞。

大管子套小管子——不对口径

释义 比喻对问题的看法或处理问题的原则不一致。

大海里的灯塔——光芒四射

释义 形容人或事物有很大的影响力。

大海里的一滴水——有你不多没你不少

释义 指非常微小,根本不重要,失去了也不会影响大局。

大海里捞针——难寻(摸不着底)

释义 比喻范围大,没有线索,无从寻觅,事情很难办成。含有白费力气之意。

大海里行船——乘风破浪

释义 船只趁着风势破浪前进。形容事业发展迅猛。也比喻志向远大，不怕困难，奋勇前进。

大河边上的望江亭——近水楼台

释义　比喻由于接近某些人或事而优先得到某种利益或便利。

大槐树下挂灯笼——四方有名(明)

释义　形容名气很大，远近闻名。

大江里漂浮萍——随波逐流

释义　随：顺着。逐：追赶。随着波浪起伏，跟着流水漂荡。比喻没有坚定的立场，缺乏判断是非的能力，只能跟随潮流走。

大街上的乞丐——蓬头垢面

释义　蓬：蓬草。垢：肮脏。头发蓬乱，脸上满是污垢。形容人极其贫困糟糕的样子。也形容人的外表很不整洁，毫无修饰。

大街上相亲——一厢情愿

释义　只是单方面的愿望，没有考虑对方是否同意，或客观条件是否具备。

大力士绣花——心有余而力不足(力不从心)

释义　心里非常想做，但力量或能力不够，无法做到。

大篓洒香油，满地拾芝麻——得不偿失

释义　偿：抵补。所得的利益补偿不了所受的损失。比喻做事付

出的精力太多，而得到的成果却很少。

大路上栽葱——白费功夫

释义　指毫无意义地耗费时间与精力。

大马拉小车——有劲使不上(有力无处使)

释义　指受条件限制，不能施展力量。

大年初一吃面条——移风易俗

释义　指改变旧的风俗习惯。

大年初一贴福字——吉庆有余

释义　比喻生活富裕，每逢年节之时，家境特别殷实。表达了古代人们追求年年幸福、生活富足的美好愿望。

大年三十看皇历——没有日子了(没日子啦)

释义　比喻一切到了尽头。

大年午夜的鞭炮——天花乱坠

释义　坠：落下。传说梁武帝时，云光法师讲经感动了上天，天花纷纷飘落下来。现形容说话巧妙动听但不切实际。

大鹏展翅——前程万里

释义　相传鹏鸟能飞万里路程，比喻前程远大。

大人不记小人过——宽宏大量

释义　宽宏：气量大。量：度量。形容人的度量很大，待人宽厚，能容人容事。

大舌头读报——含糊其词（含含糊糊）

释义　含糊：不清楚；不明确。故意把话说得含混不清。形容有顾虑，不敢把话照实说出来。

大师傅熬稀粥——不在话下

释义　旧时小说、剧本中表示此处不用详细叙述，故事告一段落，将转入新的情节时的套话。后指事情小，不在谈论的范围之内，不值得一提。

大师傅的肚子——油水多

释义　比喻有额外的好处或不正当的收益。

大石压死蟹——以势压人

释义　以：凭借。凭借自己的权势去压制别人。

大树掉片树叶——无关大体

释义　形容事情并不要紧，对全局没有重大的关系或影响。

大水冲了龙王庙——一家人不认一家人（自家人不识自家人）

释义　龙王：传说中统领水族、掌管降雨的神。指自己人之间发生了误会或冲突。

大蒜剥皮——层层深入

释义 指接连不断地递进，逐步接近事物的内部或逐步掌握事物的中心。

大蒜苗做枕头——昏(荤)头昏(荤)脑

释义 形容头脑发昏，晕头转向。

大厅中央挂字画——堂堂正正

释义 堂堂：盛大的样子。正正：整齐。原指军容整齐强大的样子。现多形容光明磊落。也形容身材威武，仪表出众。

大网捕小鱼——劳而无功(有劳无功)

释义 花费了力气却没有功效。多用于评价一个人做事的效果。

大雾笼罩山腰——不识真面目

释义 形容对客观事物的认识尚不全面，所以看不清事物真正的本质。

大象逮跳蚤——有劲使不上

释义 指空有一身本领，但施展不开。

大象身上的跳蚤——微不足道(微乎其微)

释义 微：微小。足：值得。道：说；谈。指意义、价值等小到不值得一提。

大眼瞪小眼——面面相觑

释义　觑：看。指相互对着看。后形容大家因惊惧、紧张、尴尬或束手无策而互望的样子。

大眼贼（黄鼠）掉到昆明湖——不着边际

释义　着：接触。边际：边缘；界线（多指地区或空间）。多指说话空泛，不切合实际。

大轴里套小轴——话（画）里有话（画）

释义　指一个词或一句话关涉两个意思。除让对方马上明白的意思之外，还有另外一层意思是隐藏起来的，需要细细体会琢磨。

呆子帮忙——越帮越忙

释义　比喻不仅没有帮上忙，反而给人添了乱。

带了秤杆忘了砣——丢三落四

释义　形容马虎健忘，顾此失彼。

带着救生圈出海——有备无患

释义　事先有准备，就可以避免祸患。

待人不分厚薄——一视同仁

释义　原指圣人对百姓一样看待，同施仁爱。后多表示对人同样看待，不分厚薄。

戴斗笠坐席子——独霸一方

释义 指长期霸占一个地方。多指坏人。

戴墨镜上煤堆——一团漆黑

释义 形容一片黑暗,没有一点儿光明。也形容对事情一无所知。

戴着帽子鞠躬——岂有此理(礼)

释义 岂:哪里。哪有这个道理。指某人的言行或某一事物极其荒谬。

戴着乌纱弹棉花——有弓(功)之臣

释义 指有功劳的人。

戴着眼镜挑媳妇——看花了眼

释义 形容美好的事物很多,一时看不过来。

担着苦瓜喊瓜甜——嘴甜心苦

释义 指说话和善,但居心不良。

单根青丝拴磨盘——千钧一发

释义 一钧指三十斤,千钧即三万斤。千钧重物用一根头发系着,比喻万分危急或异常紧要。

单身汉跑江湖——无牵无挂

释义 形容没有拖累,非常放心。

胆小鬼走夜路——提心吊胆

释义　形容十分担心或害怕。

蛋打鸡飞——两头空(两落空)

释义　鸡飞走了，蛋也打破了。比喻两头失去，一无所获。

当兵的垒灶——安营扎寨

释义　旧时军队每到一个地方，就在野外扎帐篷设栅栏为营地。现指部队、团体在一个地方驻扎安顿下来。也比喻建立临时的劳动或工作基地。

当面诵善佛，背后念死咒——阳奉阴违

释义　指玩弄两面派手法，表面上遵从，暗地里违背。

当一天和尚撞一天钟——得过且过

释义　只要能够过得去，就这样过下去。形容胸无大志，没有长远打算。也指工作敷衍了事，不负责任。

当了衣裳买粉搽——穷讲究(穷打扮)

释义　指本没有讲究的条件，却煞有介事地讲究起来，为了撑面子做一些自己力不能及的事情。

刀尖上打拳——站不住脚

释义　形容观点经不起反驳或推敲。

刀尖上跳舞——凶多吉少

释义　指事态的发展趋势不妙，凶害多，吉利少。

刀劈毛竹——干脆利索(迎刃而解)

释义　劈竹子时，头上几节一破开，下面的顺着刀口自己就裂开了。比喻处理事情、解决问题很顺利。

刀子嘴，豆腐心——嘴硬心软

释义　比喻人说话很尖刻而心地很柔和。

倒了油瓶不扶——袖手旁观(懒到家了)

释义　把手笼在袖子里，站在一旁观看。比喻置身事外，既不过问，也不协助别人。

倒瓤的冬瓜——肚子坏水

释义　指人的心肠很坏。

到和尚庙里借梳子——找错了门

释义　比喻求人办事找错了门路。

倒吃甘蔗——节节甜(一节比一节甜)

释义　形容人的处境越来越好。

道士念经——照本宣科

释义　照着本子念条文。形容讲课、发言等死板地按照课文、稿子念，没有发挥，一点儿都不生动。

道士做醮场——鬼使神差

释义　醮：古代结婚时用酒祭神的礼。指好像有鬼神在支使着一样，不自觉地做了原先没想到要做的事。也比喻事出意外，不由自主。

稻草堆里埋石头——软中有硬

释义　比喻外表温柔，内心却尖刻厉害。也形容说话委婉而话中带刺。

稻草人放火——害人先害己(惹火烧身)

释义　比喻自找麻烦或自讨苦吃。

稻草人救人——自身难保

释义　比喻连自己都没法保护，就更没法顾上别人了。

稻田里盖猪圈——肥水不流外人田

释义　肥水：借指好处。好处不能让给外人。

得鱼丢钩——忘恩负义

释义　忘记别人对自己的恩惠，反而做出对不起别人的事。

灯草打人——软弱无力

释义 形容身体衰弱无气力。也形容做事不得力，不中用。

灯草灰过大秤——没分量

释义 指地位低下，不被人重视。

灯蛾扑火——惹火烧身(引火烧身)

释义 比喻自讨苦吃或自取灭亡。

登上泰山望东海——站得高，看得远

释义 登上高处，看得更远。比喻思想境界高，目光远大。

登太行望运河——远水不解近渴

释义 比喻慢的办法救不了急。

瞪着眼睛咬着牙——怀恨在心

释义 把怨恨藏在心里，伺机报复。

滴水崖上滴水——没完没了

释义 一个接着一个，完全没有终止的意思。

笛子配铜锣——想(响)到一块了

释义 事先没有商量过，想法却完全一致。

地板擦子刷地——拖泥带水

释义 形容做事拖沓，不干脆利落，或说话、写文章不简明扼要。

地府里打官司——死对头

释义 指难以和解的仇敌。

地里的蚯蚓——土生土长

释义 指在当地生长的。有时比喻某人或某物虽有潜力，却成不了大气候。

地面上的水——哪里低往哪里流

释义 指自甘堕落。也形容一点儿进取心都没有。

地下流出来的水——来路不明

释义 人的来历或事情的经过不清楚。

掂着猪下水过独木桥——提心吊胆

释义 猪下水：可食的猪内脏。形容十分担心或害怕。

电锯开木头——当机立断

释义 把握时机，毫不犹豫地做出决定。

电视广告上的美人——昙花一现

释义 昙花：一种灌木植物，开花的时间很短。比喻美好的事物或景象出现了一下，很快就消失了。

电梯失灵——上不上，下不下(上下两难)

释义 形容进退两难。

电线杆上耍把式——艺高胆大

释义 指技艺高超的人胆量也很大。

电信局里的话务员——耳听八方

释义 八方：东、南、西、北、东南、东北、西南、西北。比喻人精明机警，遇事能多方观察、分析。

电影里谈恋爱——假情假意

释义 形容表现出来的感情和行为并不是他的真情流露。

叼着喇叭敲鼓——自吹自擂

释义 自己吹喇叭，自己打鼓。比喻自我吹嘘。

雕花师傅戴眼镜——精雕细刻

释义 精心细致地雕刻。形容创作艺术品时苦心刻画。也比喻认真细致地加工。

吊起的冬瓜——头重脚轻

释义 头脑发胀，脚下无力。形容身体不适。也比喻基础不牢固。

吊死鬼擦粉——死要面子

释义 比喻特别爱惜自己的颜面。

吊死鬼瞪眼——死不瞑目

释义 瞑目：闭眼。原指人死的时候心里还有放不下的事，现常用来形容极不甘心。

吊在房檐上的大葱——叶黄皮干心不死

释义　比喻敌人不甘心失败，还妄想着做垂死挣扎。

掉了门牙肚里咽——有苦说不出

释义　心里难受，却说不出来。常用来形容人有难言之隐，没有办法倾诉。

掉在枯井里的牛犊——有劲使不上(有力无处使)

释义　有很多力气却不知道用在哪里。

碟子里盛清水——一眼看到底

释义　指没有上升的空间和希望。

碟子里的开水——三分钟的热劲

释义　指一段时间内对某样东西特别喜爱，但又会很快失去兴趣。

顶风放屁——把自己搞臭了

释义　指自己做的事把自己的名声弄坏了。

顶着石臼做戏——费力不讨好(费劲不落好)

释义　讨：求得。费了好大力气做事，却得不到赞许。

丢了秤砣捡灯草——避重就轻

释义 指回避主要的问题，只谈无关紧要的方面。

丢了铁锤担灯草——拈轻怕重

释义 接受任务时净拣轻松的，害怕繁重的，不愿承担责任。

丢下灶王拜山神——舍近求远

释义 舍去近处的，追求远处的。形容做事走弯路。

东北的二人转——一唱一和

释义 一个唱，一个随声应和。比喻相互配合、呼应。

东放一枪，西打一棒——声东击西

释义 声：声张。指造成要攻打东边的声势，实际上却攻打西边。也形容动作、说话、行文等变幻莫测。

东家的饭碗——难端

释义 比喻受人雇用的人工作辛苦而不稳定。

东篱补西壁——顾此失彼

释义 顾了这个，丢了那个。形容头绪繁多，无法全面兼顾。

东吴招亲——弄假成真

释义 本来是假的，结果却弄成了真的。指事与愿违，弄巧成拙。

冬瓜皮做帽子——滑头(滑头滑脑)

释义 形容人狡诈、不诚实。也指圆滑，不负责任。

冬天的蟒蛇——有气无力

释义 形容说话声音微弱，做事精神不振。

冬天的旋风——成不了气候

释义 比喻没有成就，或没有发展前途。

冬天卖醋——寒酸

释义 形容过于俭朴或简陋而显得不体面。

董卓进京——来者不善

释义 善：亲善，友好。形容来的人不怀好意。

冻僵的长虫(蛇)——要死不活

释义 形容没有生机和活力。

洞房里说悄悄话——甜言蜜语

释义 像蜜糖一样甜的话。比喻为了讨人喜欢或哄骗人而净说好听的话。

洞庭湖里涨春水——一浪高过一浪

释义 形容某种情况或趋势不断发展壮大，一个接一个地推进，呈现出递增或上升的趋势。

斗败的公鸡——垂头丧气(有气无力)

释义 垂头：耷拉着脑袋。丧气：神情沮丧。形容因失败或不顺利而情绪低落、萎靡不振的样子。

斗鸡上阵——横眉竖眼

释义 形容怒目相视，态度凶狠的样子。

豆腐板上下象棋——无路可走

释义 比喻处境极其困难，找不到出路。

豆腐拌腐乳——越弄越糊涂(越拌越糊涂)

释义 形容事情越处理越乱。

豆腐炒韭菜——清清白白

释义 形容品行纯洁，没有污点。

豆腐挡刀——自不量力(招架不住)

释义 指过高地估计自己的力量。

豆腐掉进灰堆里——吹又不好吹，打又不好打

释义 形容事情没有很好的处理办法。

豆腐里捡骨头——无中寻有

释义 把本来不存在的事说成确有其事。指毫无事实依据，凭空捏造。

豆腐脑儿摔地上——一塌糊涂

释义　形容混乱不堪或糟糕到不可收拾的程度。

豆腐坐班房——平白无故

释义　平白：凭空。故：缘故。没有任何道理、原因。

豆芽炒韭菜——各有所爱

释义　各人有各人的爱好。

逗猫惹狗——无事生非

释义　指没有原因地制造麻烦。

窦娥喊冤——怨天怨地

释义　既抱怨天又抱怨地。形容埋怨不休。

毒蛇吐芯子——出口伤人

释义　一张口说话就伤害别人。

毒蛇做梦吞大象——野心勃勃

释义　勃勃：旺盛的样子。形容野心非常大。

独膀子打拳——露一手

释义　在某一方面或某件事上显示自己的能力或手艺。

独臂照镜子——里里外外一把手

释义 指内部管理、对外应酬等都能干好。

独眼龙相女婿——一目了然

释义 一眼就看得很清楚。形容事物的样子或事情的原委很清晰，一看就知道是怎么回事。

赌徒的嘴巴——尽说到点子上

释义 指说话不啰唆、不兜圈子，清晰明了、重点突出。

杜十娘的百宝箱——全部家当在里头

释义 指一个人所拥有的全部东西，一般指物质类。

肚里吃了鞋帮——心里有底

释义 心中知道底细或内情而有把握。

肚里容不得一根毛——心胸太小

释义 指人气量小，不能包容别人的缺点，不能忍受别人对自己的无意伤害，不能以淡然豁达的心态看待问题。

肚里钻进二十五只小耗子——百爪挠心

释义 形容人心情错综复杂，心神不定。

肚皮里吃了萤火虫——全明了

释义 形容心里非常清楚。

肚皮上贴膏药——心腹之患

释义 比喻藏在内部最严重的祸害。也泛指最大的隐患。

肚脐眼里插冰棒——寒心

释义 指因失望而感到痛心。

肚脐眼里灌汤药——心服口不服

释义 指心里信服嘴上却不承认。

肚脐眼说话——谣(腰)言

释义 指没有事实依据的消息。

肚脐眼长笋子——胸有成竹

释义 比喻做事之前已经有了详细的计划或设想。

肚子里撑船——内行(航)

释义 指对某种事情或工作有丰富的知识和经验。

端午节吃粽子——皆大欢喜

释义 指人人都高兴满意。

端着金碗讨饭——装穷叫苦

释义 指本来很富裕,故意装穷。

断臂的猴子——高攀不起

释义 形容人与人之间的地位悬殊，不能达到同一高度。

断了腿的青蛙——跑不了

释义 比喻对某项任务或某件事情很有把握。

断了线的纸鸢——东游西荡

释义 指无所事事，到处闲逛。

断尾巴蜻蜓——有头无尾

释义 有开头，无结尾。指不连贯，不完整。也比喻做事有始无终。

对牛弹琴——不入耳

释义 比喻对外行人说内行话，或对蛮不讲理的人讲道理。

对着镜子怒吼——自暴自弃(气)

释义 指自己甘心落后堕落，不求上进。

对着聋子打鼓——充耳不闻

释义 塞住耳朵不听。形容不愿意听别人的意见。

对着桑树骂槐树——指桑骂槐

释义 指着桑树数落槐树。比喻表面上骂这个人，而实际上是骂那个人。

对着月亮攀谈——空话连篇

释义　形容整篇文章、讲话没有具体内容，不解决实际问题。

碓杵脑袋——老实疙瘩

释义　形容做人忠厚诚实，循规蹈矩。

钝刀子割肉——不利索

释义　形容做事行动缓慢，不能快速解决问题。

钝刀子切藕——藕断丝连

释义　连：牵连。藕已断开，丝还连接着。比喻形式上已断绝，而实际上仍有牵连。多指男女之间情思难断。

钝刀子斩乱麻——三长两短

释义　指意外的灾祸或事故。也是对人死亡的一种委婉说法。

多年的师傅——老把式

释义　指在某一领域具有精湛技艺和丰富经验的人，是某一领域的佼佼者。

躲鬼进了城隍庙——出生入死

释义　形容冒着极大的生命危险。多用以赞扬不顾个人安危的献身精神。

试一试

1. 小王现在是半工半读，这样既能减轻家里的经济负担，又能继续学业，可谓是打枣捎带粘知了——＿＿＿＿＿＿＿＿。
2. 他在台上讲话时，有点儿道士念经——＿＿＿＿＿＿＿＿。

参考答案 1. 一举两得 2. 照本宣科

歇后语故事

电视广告上的美人——昙花一现

“昙花一现”出自《妙法莲华经·方便品》：“佛告舍利佛，如是妙法，诸佛如来，时乃说之，如优昙钵花，时一现耳。”昙花开放的时间非常短暂，“昙花一现”多用来比喻稀有的事物或显赫一时的人物出现不久就消逝。

E

峨眉山上的泉水——细水长流

释义　指精心打算、节约使用有限财物或人力，使其不至于缺乏。也比喻一点一滴不间断地做某件事。常指爱情或友情长长久久。

鹅卵石垫床腿——不稳当

释义　鹅卵石：一种卵形的小石头。形容基础不稳固。

鹅食盆不许鸭插嘴——吃独食

释义　自己一个人吃好吃的。比喻独占利益，不与别人分享。

恶狗咬天——狂妄(汪)

释义　指极端自高自大，十分嚣张，目中无人。

恶狼扒门——不祥之兆

释义　祥：吉祥。兆：预兆。指不吉利的预兆。

恶狼和疯狗做伴——脾气相投(坏到一块了)

释义　有坏思想、坏作风的人在志趣、习惯等各方面都投机，彼此合得来。

恶狼装羊——不存好心(居心不良)

释义　心地不善，内心存在着恶意或阴谋。

恶老婆告状——有理说不清

释义 指双方考虑问题的角度和解决问题的方法都不相同，很难沟通。

饿狗抢食——一哄而上

释义 形容许多人或事物没有经过充分准备或组织，由于某种急切的需求或冲动，就一拥而上地采取行动。

饿汉抱着胖刺猬——抱着嫌扎手，丢又舍不得

释义 形容做意义不大而又不忍舍弃的事情。

饿狼吃羊羔——生吞活剥

释义 比喻只是生硬地接受或机械地搬用他人的经验或成果，而不求甚解。

饿着肚子造反——借机(饥)闹事

释义 形容趁着某个机会做一些事情，有投机取巧的含义。

鳄鱼流眼泪——可怜不得(假慈悲)

释义 慈悲：慈善，怜悯。比喻对表面上装出一副慈爱怜悯样子的坏人，不能同情。

儿子死了娘——说来话长

释义 事情很复杂，不是几句话就能说清楚的，多指不大愉快的事。

耳朵塞棉花——装聋作哑

释义 假装耳聋口哑。形容故意不理睬人或装糊涂。

耳朵眼里灌稀饭——混淆视听

释义 用假象或谎言让人们分辨不清是与非。

耳聋鼻塞嘴哑——一窍不通

释义 窍：洞，指心窍。古人把两眼、两耳、两个鼻孔和嘴称为七窍。没有一窍是贯通的。比喻什么都不懂。常用于讽刺他人愚蠢和糊涂。

试一试

1. 说起小马和小王的相识过程，真是儿子死了娘——＿＿＿＿＿。
2. 他们两个虽然没有轰轰烈烈的经历，但是感情如同峨眉山上的泉水——＿＿＿＿＿＿＿＿。

参考答案 1. 说来话长 2. 细水长流

歇后语故事

耳聋鼻塞嘴哑——一窍不通

纣王是商朝时一位昏庸暴戾的君主，他十分宠爱自己的妃子妲己，整日纵情声色，不理朝政。纣王的叔父比干费尽心机地苦谏，劝他为国家和百姓做点有益的事情。妲己知道后，劝纣王赐死比

干，纣王居然照做了。《吕氏春秋》中这样评论道：“纣心不通，安以为恶，若其一窍通，则比干不杀矣！”“一窍不通”就是从上面的话引申而来的，指没有一窍是贯通的。比喻什么都不懂，常用于讽刺他人愚蠢和糊涂。

F

发大水出丧——天灾人祸

释义 泛指旱、涝、地震等自然灾害及战争、交通事故、环境破坏等人为之祸。

发酵池里的高粱——醋性大作

释义 指因为男女关系问题而妒忌，大肆争吵。

发困给个枕头——正得劲儿

释义 形容正合心意，感觉很好。

发疟疾吃奎宁——对症下药

释义 奎宁：治疟疾的特效药。症：病症。本义是医生针对患者的病症用药。后比喻针对问题，采取有效的措施。

发射卫星上天——一鸣惊人

释义 比喻平时很普通，没有什么出色的表现，突然一下子有了惊人的成绩。

法官坐班房——知法犯法(明知故犯)

释义 犯：触犯。知道法律，却违反法律。指明明知道不对，却故意去做。

番瓜(南瓜)秧牵上葡萄树——胡搅蛮缠

释义 胡搅：狡辩，强辩。指胡乱纠缠，蛮横不讲道理和原则。

翻船抓到救生圈——绝处逢生

释义 绝处：死路。形容在走投无路时又有了新的生路。

翻起麻枯打油——没事找事

释义 麻枯：芝麻榨油后的渣滓。指故意找借口滋事，惹是生非。

凡士林涂嘴巴——油腔滑调

释义 腔、调：说话的声音、语气。形容说话轻浮油滑，不诚恳、不严肃。

返青的秋苗——节节高(节节上升)

释义 形容步步高升，生活越过越好。

饭店门口摆粥摊——自讨晦气

释义 做事不得当，反而使自己难堪窘迫。

饭盒里盛稀饭——装糊涂

释义 故意装作不懂、不明白，实则心里很清楚。

范进中举——喜出望外

释义 指遇到出乎意外的喜事，心中特别高兴。

方枘圆凿——格格不入

释义 形容彼此的思想不协调，想法不相容。

房梁上逮鸟——不好捉摸

释义 形容手段、方法难以猜测或估量。

房檐上玩把戏——玩命

释义 指拿性命当儿戏。

房子烧了又挨大雨——内外交困

释义 交：同时。指里外都处于困难的境地。

放暗箭打冷枪——背后伤人

释义 比喻用阴险的手段暗中攻击或陷害别人。

放出笼子的鸟——远走高飞

释义 跑向远处，飞往高空。比喻脱离现时的处境，到远方寻找新的出路或过上新的生活。

放大镜照臭虫——原形毕露

释义 本来的面目全部暴露出来。形容伪装被彻底剥掉，露出了本来面目。

放了血的肥猪——软瘫了

释义 指肢体无力，难以动弹。

放马后炮——没用了

释义 马后炮：象棋术语。指事情已经过去了，才提出意见、发表议论，已经于事无补了。

放鸟儿出笼——各奔前程

释义 各走各的路，寻找自己的前途。比喻各人向自己确定的方向或目标努力。

放屁拉抽屉——遮丑

释义 用言语或行动遮掩错误或不足之处。

放鸭子的人——老落后

释义 放养鸭子的人总是走在鸭群的后面，因此常用来比喻在工作或学习中落后于他人的人。

放羊娃喊救命——狼来了

释义 指经常说谎的人即使说了真话，也没人相信。

飞蛾撵蜘蛛——自投罗网

释义 自己主动钻入对方布下的陷阱中。指自取其害，自作自受。

飞机打坦克——居高临下（一个天上，一个地下）

释义 站在高处，俯视下面。形容处于有利的地位。也形容傲慢无礼、瞧不起他人的姿态。

飞机的尾巴——翘得高

释义　形容人很骄傲，自以为了不起。

飞机翻跟头——倒栽葱

释义　指栽跟头时头先着地，即栽得很重。比喻惨重的失败。

飞机上放鞭炮——想(响)得怪高

释义　形容想得很美好，或计划很宏大。

飞机上聊天——高谈阔论

释义　形容空泛不切实际地大发言论(多含贬义)。

飞机上扔钱——空头(投)支票

释义　比喻无法实现的诺言或保证。

飞机上晒衣服——高高挂起

释义　指认为事情与自己没有关系，就把它远远地放在一边不管。

飞机上跳伞——一落千丈

释义　指下落的幅度很大。常用来比喻人的地位急剧下降。

飞机上装大粪——臭气熏天

释义　形容名声非常不好。

飞机钻云彩——腾云驾雾

释义 形容在空中飞翔。也比喻速度极快或晕头转向。

飞鸟看出雌雄来——好眼力

释义 能看到别人看不到的东西。形容眼光敏锐，见解高超。

肥狗咬主人——忘恩负义

释义 忘记别人对自己的恩惠，反而做出对不起别人的事。

肥皂刻手戳——不是这块料

释义 指不适合做某件事情或从事某项工作。

肥皂泡当镜子——成了泡影

释义 比喻事情或希望落空。

坟墓变庙宇——神出鬼没

释义 没：消失。像神鬼那样出没无常。形容不可捉摸。后泛指行动变化迅速。

坟头上的狗屎——又臭又硬

释义 比喻人又坏又顽固。

坟头上耍大刀——吓鬼(吓死人)

释义 指吓唬不了人。

粉白墙上泼恶水(泔水)——尽是污点

释义 全是不光彩的事迹。

粪堆上插旗子——臭名昭著

释义 昭著：显著，明显。指坏名声很突出，人人都知道。

丰都城里说大书——鬼话连篇

释义 指满口说的全是蒙骗人的胡言乱语。

风吹灯草——心不定

释义 形容人没有主意或紧张、无所适从、心慌意乱。

风吹芦苇——左右摇摆

释义 比喻思想、观点等游移不定。

风吹竹林——一边倒

释义 比喻某人或某种力量完全倒向一方。

风前烛，瓦上霜——危在旦夕

释义 旦夕：早上和晚上，指短时间之内。形容危险就在眼前。

风水先生唱大曲——阴阳怪调

释义 形容言谈、举止等孤僻古怪，或说话、态度不真诚，让人捉摸不透。

风箱里的老鼠——两头受气

释义 比喻处于双方的矛盾之中，两面不讨好，到处受委屈。

风雨中的泰山——不动摇

释义 形容始终不渝地坚持到底。

风中鹅毛——无影无踪

释义 形容完全消失，不知去向。

疯狗的脾气——见人就咬

释义 形容丧失理智，像发了疯一样失去控制。

疯姑娘讲笑话——嘻嘻哈哈

释义 形容嬉笑、打闹、欢乐的样子。也形容态度不严肃、不认真。

疯婆子演判官——人不人鬼不鬼

释义 既不像人样，也不像鬼样。指人的面目怪异难看。也指人的行为样貌显得怪异、不协调或滑稽可笑。

疯人院的病人——喜怒无常

释义 形容人的情绪多变。

蜂蜜待客——给他(你)点甜头

释义 指给予对方一定的好处或利益。

凤凰树开花——红极一时

释义 形容事物在一个时期内极其盛行。

佛多香少——供不应求

释义 形容某种事物的需求量很大，供应不能满足需求。

佛爷的桌子——碰不得

释义 形容只可远观而不可接近。

夫妻俩唱小调——一唱一和

释义 原形容两人感情相通。现也比喻二人互相配合、互相呼应。

夫妻推磨——尽绕圈子

释义 比喻说话转弯抹角，不干脆利索。

扶得东来西又倒——顾此失彼

释义 顾了这个，丢了那个。形容忙乱或慌张，无法全面照顾。

扶着桥栏杆过河——生怕掉进水里

释义 形容胆小怕事、小心翼翼的样子。

苻坚望见八公山——草木皆兵

释义 把山上的野草和树木都当作敌兵。形容人在极度恐慌时，一有风吹草动便疑神疑鬼。

浮在河面上的水草——无依无靠

释义 指孤苦而无所依靠。

府官进县衙——大摇大摆

释义 形容走路时很神气、满不在乎的样子。

富贵人家的小姐——弱不禁风

释义 连风吹都经受不起。形容人身体娇弱。

试一试

1. 一见到他凶神恶煞地走过来，李二便像放了血的肥猪——________________。

2. 张主任看着来信，没想到本来是板上钉钉的事情，转眼之间竟是肥皂泡当镜子——________________。

参考答案 1. 软瘫了 2. 成了泡影

歇后语故事

苻坚望见八公山——草木皆兵

“草木皆兵”出自《晋书 ·苻坚载记》：“坚与苻融登城而望王师，见部阵齐整，将士精锐；又北望八公山上草木，皆类人形，顾谓融曰：‘此亦劲敌也，何谓少乎？’怃然有惧色。”“草木皆兵”常形容人在恐惧之时，稍微有些风吹草动，便紧张害怕得要命。

赶车不带鞭子——光拍马屁

释义 用于讽刺专门谄媚奉承、讨好别人的行为。

赶脚的骑驴——只图眼前快活

释义 指仅在乎当下的感受,而不做长远打算。也比喻目光短浅,没有远见。

擀面杖钻石头——纹丝不动

释义 纹丝:细微。一点儿也不动。形容没有丝毫改变。

刚飞的鸟儿——不知高低

释义 不知道山的高低程度。比喻说话或做事不知轻重。

刚来报到就要跳槽——这山望着那山高

释义 形容对自己现在的工作或所在的环境不满意,总认为别的工作、别的环境更好。

钢钎打石头——硬钻

释义 形容面对困难的任务时,采取坚持不懈、勇往直前的态度,通过持续的努力来克服困难。

缸里点灯——里头亮

释义 物品虽然外表不好看，里面却精致美观。也指人表面木讷而内心精明。

高个子进窑洞——不得不低头

释义 比喻受制于人，只得顺从别人。

高粱秆儿挑水——担当不起

释义 指能力有限，承担不了重大的责任。

高粱地里栽葱——矮一截子

释义 比别人低一级。多指社会地位低下。

高山上的青松——久经风雨

释义 经过许多磨难，见多识广。形容人的生活阅历丰富。

高山上的雪莲——一尘不染

释义 比喻为官清廉或人品高洁，丝毫没有沾染坏习气。也形容环境非常清洁或物体非常干净。

割麦不用镰刀——连根拔

释义 比喻彻底铲除或消灭敌人。

给了九寸想十寸——得寸进尺

释义 得到一寸就想再得到一尺，有了小的，又想要大的。比喻贪得无厌。

狗啃骨头——津津有味

释义 形容特别有滋味或有兴趣。

光打雷不下雨——虚张声势

释义 指假装声势强大，借以吓唬或迷惑对方。

光棍娶寡妇——两全其美

释义 指做一件事情顾全到两个方面，两方面都得到好处。

光说不练——嘴巴子戏

释义 指很会说话而不干实事。

光头上面长虱子——无处藏身

释义 形容无法隐藏或掩饰。

龟背上刮毡毛——痴心妄想

释义 痴心：沉迷于某人或某种事物。指胡思乱想根本不能实现的事。

跪在老虎面前喊恩人——善恶不分

释义 指一个人做某件事的时候，分不清什么是好，什么是坏，做出了错误的判断或行为。

锅底上戳窟窿——捅娄(漏)子

释义 指引起纠纷，惹出祸来。

锅堂里的老鼠——灰溜溜

释义 形容颜色暗淡(含厌恶之意)。也形容精神懊丧或消沉。

裹脚布放风筝——臭名远扬

释义 扬：传播。指坏名声传得很远。

过河打船工——恩将仇报

释义 受了别人的恩惠却用仇恨来报答。

过年娶媳妇——双喜临门

释义 指两件喜事一齐到来。

试一试

1. 小明，你别光说不练——________________。
2. 动物园里的大熊猫早已习惯了游客们的相机闪光灯，继续低着头，狗啃骨头——________________地吃着嫩绿的竹子。
3. 他老是换工作，真是刚来报到就要跳槽——________________。

参考答案 1. 嘴巴子戏 2. 津津有味 3. 这山望着那山高

歇后语故事

给了九寸想十寸——得寸进尺

“得寸进尺”出自老子的《道德经》。比喻贪得无厌。历史上，西方列强压迫、奴役和剥削“落后”国家，还得寸进尺，进一步把这些国家变成自己的殖民地、半殖民地进行侵略。

哈巴狗舔脚跟——亲的不是地方

释义 形容场合不对。

哈巴狗咬月亮——不知天高地厚

释义 不知道天有多高，地有多厚。形容骄狂无知。

孩子的脸——变化无常

释义 形容事物任意变化，没有一定的规律。也可形容人的情绪多变。

海底捞月，天上摘星——想得到，办不到

释义 指某件事只能想，并不能真正成为现实。

海瑞上书——为民请命

释义 海瑞：明朝时期的一名清官，他敢于直言进谏，多次上书给皇帝，反映民间疾苦，为百姓争取权益。泛指有相当地位的人代表百姓向当权者陈述困难，提出要求。

海市蜃楼，天涯彩虹——虚的虚，空的空

释义 原指海边或沙漠中，由于光的反射和折射，在空中或地面上出现虚幻的楼台或城郭的一种现象。现多比喻虚无缥缈的事物。

害喘病爬高山——喘不上气(上气不接下气)

释义 形容因为劳累或焦急而气喘得很厉害。

韩湘子吹箫——不同凡响

释义 原指演唱特别出色。后泛指人或事物不平凡,非常出色。

韩信点兵——多多益善

释义 益:更加。指人或东西越多越好。

寒冬的电扇——令人生畏

释义 指使人害怕、胆怯。

寒冬腊月打雷——成不了气候

释义 比喻没有成就或前途,没有出息。

寒号鸟晒太阳——得过且过

释义 只要能够过得去,就这样过下去。形容胸无大志,没有长远打算。也指工作敷衍了事,不负责任。

寒暑表里的水银柱——能上能下

释义 比喻人能够根据不同的情况或环境灵活地调整自己的状态或行为,具有很强的适应性和变通能力。

旱苗得雨——正逢时

释义 比喻遇上了好的机会。

航船遇沙滩——搁浅

释义 船舶进入水浅处无法航行。比喻原本正常进行的事情遭到意外阻碍而中途停顿不前。

好汉不吃眼前亏——识时务

释义 指能够认清现在的形势，了解时代的需求。

好马不吃回头草——倔强

释义 即使遭受挫折，也决不走回头路。

好心当成驴肝肺——不识好歹

释义 不知道什么是好，什么是坏。

耗子搬生姜——劳而无功(白费力)

释义 花费了力气，却没有收到成效。

耗子出洞——东张西望

释义 向四处张望。形容心神不安地到处看。

耗子戴眼镜——鼠目寸光

释义 民间认为老鼠的眼睛只能看到一米远。比喻目光短浅，没有远见。

耗子盯小偷——贼眉鼠眼

释义 形容神情鬼鬼祟祟。

耗子逗猫——惹祸上身(没事找事)

释义 比喻原本无事，自己却招惹祸端害了自己。

耗子嫁猫——送死

释义 比喻自寻死路。

耗子啃菜刀——死路一条

释义 比喻没有前途。

耗子啃罗汉——不识大体

释义 大体：一语双关，既指罗汉的身体，又指关系全局的道理。形容考虑问题过于片面，不懂得从大局和长远利益出发。

耗子爬秤钩——自己称自己

释义 称：借指称赞。比喻自吹自擂。

耗子爬铁丝——难转弯

释义 形容想不通，很难改变已有的想法。

耗子伸腿——小手小脚

释义 形容非常小气爱计较，不大方。

耗子睡在粮仓里——不愁吃

释义 比喻生活优越，衣食无忧。

耗子跳到钢琴上——乱谈(弹)

释义　比喻胡说八道。

耗子腿上摆宴席——小题(蹄)大做

释义　拿小题目做大文章。比喻把小事当作大事来处理，故意夸张，不值得这样做。

耗子眼看天——小瞧

释义　指看不上，轻视他人。

耗子找枪——窝里反

释义　比喻家族或团体内部发生矛盾和斗争。

喝海水长大的——见过风浪

释义　比喻见过大的动荡和变化，经历丰富。

喝了柠檬水——心里酸溜溜的

释义　形容轻微嫉妒的感觉。

喝了太平洋的水——宽大无边

释义　指对犯错误者从宽处理。

喝米汤划拳——图热闹

释义　划拳：一种喝酒取乐的游戏。比喻做事图表面样子，不求实际作用。

喝盐水聊天——尽讲闲(咸)话

释义 在背后议论他人。

何仙姑要下凡——六神无主

释义 形容慌乱焦急，不知如何是好。

和尚背枷——知法犯法

释义 知道法律，又违反法律。指明知故犯。

和尚打架扯辫子——没有的事

释义 指某件事不可能发生，或对某件事表示否定。

和尚戴礼帽——与众不同

释义 与其他人不一样。

和尚的脑壳——没法(发)

释义 没有办法，无能为力。

和尚的住处——妙(庙)

释义 形容事物神奇、精巧，或者经历玄妙。

和尚回庙——走老路

释义 比喻按照旧的方式做事。

和尚买梳子——无用

释义 形容做无用功。

和尚念经——老一套

释义 指陈旧的做法或说法。

和尚娶老婆——离经叛道

释义 比喻言论或思想背离正统，十分出格。

和尚头上盘辫子——空绕一圈儿

释义 比喻做事原地打转，或者空走一趟毫无收获。

河边垂钓——等鱼上钩

释义 比喻耐心地等待某种机会或结果的出现。

河里的木偶——随大流

释义 形容顺着多数人说话或办事。

河里划龙船——同心协力

释义 为了共同的目的或为取得一致的效果而统一思想、共同努力。

河里洗煤砖——闲着无事干

释义 指没有事情可做。

河里洗铁盒——面面俱到

释义　俱：都。指各方面都照顾到。

河水不犯井水——互不相干

释义　比喻彼此之间没有任何关系。

河心的船——明摆着

释义　明显地摆在眼前，没有不清楚或值得怀疑的地方。

荷包里的东西——十拿九稳

释义　比喻很有把握。

黑灯瞎火跳舞——暗中作乐

释义　暗地里寻找快乐。

黑地里张弓——暗藏杀机

释义　隐藏杀人的念头。比喻潜在的危险。

黑瞎子捧刺猬——碰到棘手事

释义　比喻事情难办。

横着扁担走路——霸道

释义　指做事专横不讲理。

红薯干充天麻——冒牌货

释义 用低劣或不值钱的物品冒充高价值或珍贵的物品。

红头苍蝇叮烂猪头——臭味相投

释义 指有坏思想、坏作风的人在志趣、习惯等各方面都相同，彼此合得来。

喉咙里灌铅——张口结舌

释义 张着嘴说不出话来。形容理屈词穷。

猴吃辣椒——抓耳挠腮

释义 形容心里焦急、苦恼、忙乱而无计可施。

猴儿吃芥末——翻白眼

释义 芥末：调味品，味辣。黑眼珠偏斜，露出较多眼白，多表达不满或愤恨。

猴儿的脸，猫儿的眼——说变就变

释义 比喻事物没有规律性，经常变化。

猴子戴面具——人面兽心

释义 面貌虽然是人，但心肠像野兽一样凶狠。形容为人凶残卑鄙。

猴子滚绣球——滚的滚，爬的爬(连滚带爬)

释义 形容害怕得慌乱逃走的样子。

猴子拉车——又蹦又跳

释义 形容精力充沛，充满活力。

猴子爬梯——一跃而上

释义 一下子就跳上去。形容速度极快。

猴子爬竹竿——上蹿下跳

释义 （动物）上下蹿蹦。比喻四处奔走，多方串联，策划活动。

猴子骑马——高高在上

释义 指地位高。形容领导者脱离实际，脱离群众。

猴子耍把戏——毛手毛脚

释义 指做事粗率慌张，不沉着。也比喻举动不规矩。

猴子照镜子——得意忘形

释义 形容高兴得控制不住自己，失去常态。

猴子坐板凳——有板有眼

释义 形容言语行动有条不紊。

狐狸的尾巴——藏不住

释义 狐狸尾巴很长，遮盖不住。指人有恶习或干了坏事难以掩盖。

狐狸和狗拜把子——狐群狗党

释义 泛指吃喝玩乐、不务正业的朋友。

狐狸精打哈欠——妖里妖气

释义 形容打扮或举止十分妖媚。

狐狸窝里斗——自相残杀

释义 自己人因为各种原因而相互伤害。

蝴蝶群舞——花花世界

释义 形容一个充满各种色彩和诱惑,既美丽又复杂的世界。

虎窝里跑出个羊羔——虎口余生

释义 从老虎嘴边逃走。比喻逃脱危险境地侥幸活下来。

花绸上绣牡丹——锦上添花

释义 在美丽的织物上再添加鲜花。比喻略加修饰使美者更美,在原有成就的基础上进一步完善。

花架下养鸡鸭——煞风景

释义 损坏美好的景色。比喻在欢快的场合使人扫兴。

花椒煮猪头——肉麻

释义 指轻佻或虚伪的言语、举动使人产生不舒服的感觉。

花轿前的乐队——大吹大擂

释义　原义是敲锣打鼓，众乐齐奏。现用来比喻大肆宣扬，过分地夸张或吹嘘。

花猫蹲在屋脊上——唯我独尊

释义　认为自己最了不起，有着凡人难以企及的气度。形容极端自高自大。

花皮蛇遇见饿蛤蟆——分外眼红

释义　眼红：愤怒的样子。指仇敌碰在一起，彼此更加愤怒。

花子婆娘翻跟头——穷折腾

释义　指翻来覆去地做某事，却没有任何效果。

化了妆的演员——油头粉面

释义　形容人因打扮过分而显得轻浮娇艳(多指男子)。

华佗行医——名不虚传

释义　传出的名声与实际相符，确实很好，真实可信。

画饼充饥——自欺欺人

释义　欺骗自己，也欺骗别人。指明明知道真相，却不肯面对事实。

画上的春牛——中看不中用

释义 指华而不实的事物，除能看之外，并没有其他用处。

桦木拐杖——宁折不弯

释义 宁可折断也不弯曲。比喻宁可牺牲，也决不屈服。

怀揣火炉——热心肠

释义 指对人热情、乐于助人。

怀里揣着十五只兔子——七上八下

释义 形容人心里慌乱不安，不得安宁。

欢心歌儿唱不完——其乐无穷

释义 指从事某项工作或做某事，感到乐在其中。

皇帝的女儿——不愁嫁

释义 用来表示(某人、某物)自身条件非常好。

皇甫讷扮伍子胥——蒙混过关

释义 指用欺骗等手段逃避询问或审查。

黄蜂找窝——乱哄哄

释义 形容声音吵闹杂乱。

黄河决了口——滔滔不绝(一泻千里)

释义 像流水一般不间断。形容话很多,说起来没完。

黄金能卖高价钱——物以稀为贵

释义 稀:稀少。指事物因稀少而显得珍贵。

黄连豆用嘴嚼——自找苦吃

释义 指自己招惹麻烦、困扰。也比喻一种以苦为乐的乐观精神。

黄连树下喊玉帝——叫苦连天

释义 形容十分痛苦。

黄泥巴打黑灶——好心不得好报

释义 指一片好心肠却得不到好报。

黄牛吃草——吞吞吐吐

释义 想说,但又不痛痛快快地说。形容说话有顾虑。

黄鼠狼的脊梁——软骨头

释义 比喻意志薄弱、没有骨气的人。也比喻丧失气节的人。

黄鼠狼给鸡拜年——没安好心(来者不善)

释义 指伪装善良,实则包藏祸心。

试一试

1. 老王一张口说话，大家伙嫌弃地撇嘴，都知道他又是和尚念经——__________。

2. 小张最近一直愁眉不展，一问才知道他是黑瞎子捧刺猬——__________了。

参考答案 1. 老一套 2. 碰到棘手事

歇后语故事

韩信点兵——多多益善

“多多益善”出自西汉·司马迁《史记·淮阴侯列传》：“上问曰：‘如我，能将几何？’信曰：‘陛下不过能将十万。’上曰：‘于君何如？’曰：‘臣多多而益善耳。’”将：统率；指挥。这是刘邦和韩信的对话。“多多益善”是形容越多越好。

机器人打拳——全是硬功夫

释义　指真正的本领。

机器人看戏——无动于衷

释义　心里一点儿也没有被触动。指对应该关心、注意的事情毫不关心，置之不理。

鸡穿大褂狗戴帽——衣冠禽兽

释义　指品德极坏，行为像禽兽一样卑劣的人。

鸡蛋里挑骨头——无中生有

释义　指故意挑刺、找毛病。

鸡毛掉井里——不声不响

释义　指不说话也不出声。

鸡毛性子——一点就着

释义　比喻人性情暴躁，容易发脾气。

鸡婆抱鸭子——舍己为人

释义　指舍弃自己的利益去帮助别人。

鸡群里的仙鹤——身高气傲

释义　指态度傲慢狂妄，自命不凡。

鸡窝里的凤凰——至高无上

释义　高到极点，再没有更高的了。形容在某一范围内处于至尊地位。

鸡爪子炒菜——七拱八翘

释义　形容关系不和谐或心情不舒畅。

畸形人做衣服——另搞一套

释义　指重新做起，另立门户。

急救车撞了救火车——急上加急

释义　指特别紧急。

急性子动手——说干就干

释义　形容办事果断，行动迅速。

急需的图章——刻不容缓

释义　形容形势紧迫，一刻也不允许拖延。

挤虮子的血都要舔——吝啬鬼

释义　形容非常小气的人。

济公的扇子——神通广大

释义 形容某人本领高超，无所不能。也形容某物影响力大。

济公治病——主动上门

释义 指主动到别人家里去。形容服务周到。

既会杀猪，又会做饭——多面手

释义 指擅长多项技能的人。

甲鱼翻跟头——四脚朝天

释义 形容仰面跌倒。也比喻躺下不干了。

贾宝玉的通灵玉——命根子

释义 比喻最重要的事物或者最喜爱的东西。

贾宝玉看林妹妹——一见如故

释义 故：老朋友。形容初次相见就像老朋友一样情投意合。

假李逵碰到真李逵——冤家路窄

释义 仇敌在窄路上相逢。指仇人或不愿意见面的人偏偏相遇。

嫁出去的女儿泼出去的水——收不回来

释义 姑娘一出嫁，就像泼出去的水一样无法收回。指事情无法挽回。

尖扁担挑水——心挂两头

释义 指人操心两头的事情。

监狱门上的匾——悔之莫及(后悔已晚)

释义 指后悔也来不及了。

剪开个蚕茧贴在眼上——满眼都是丝(私)

释义 比喻极端自私自利。

见高就拜,见低就踩——势利眼

释义 人与人在交往中,根据对方的财势、地位决定对他的态度。指趋炎附势的人。

见了苍蝇都想扯条腿——贪得无厌

释义 指贪图名利或金钱之心永远没有满足的时候。

见了官老爷叫舅——高攀

释义 指跟社会地位比自己高的人交朋友或结亲戚。

见了麦苗叫韭菜——五谷不分

释义 形容缺乏基本农业知识。

见了王母娘娘喊岳母——想娶个天仙女

释义 指想娶个美丽非凡的妻子。

见人先作揖——礼多人不怪

释义 对人多讲礼仪，别人不会怪罪。

见着骆驼不说蚂蚁——光拣大的说

释义 比喻光讲大事，不说小事。

江里的木偶——随大流

释义 跟着多数人说话或办事。

将军不下马——各奔前程

释义 指各走各的路。也比喻各人按不同的志向去寻找自己的前途。

讲课还是老一套——屡教不改

释义 指被多次教育，仍不改正。

讲武堂里学打仗——纸上谈兵

释义 在书本上谈用兵策略。比喻不联系实际情况，空发议论。

酱油店里打架——争风吃醋

释义 常指因男女关系问题而互相妒忌或争吵。

浇地扒垄沟——捅娄(漏)子

释义 指引起纠纷，惹出祸端。

狡兔撞鹰——以攻为守

释义 以进攻作为防御的手段。指主动积极地出击以达到保护自己的目的。

饺子脱皮——露了馅

释义 比喻不愿意让人知道的事暴露出来。

脚踩棒槌——立场不稳

释义 对所持的观点不能坚持。

脚踩牛屎——一塌糊涂

释义 形容混乱或败坏到了不可收拾的程度。

脚底板儿抹油——溜得快

释义 指偷偷地走了。

脚后跟拴藤条——拉倒

释义 阻止或停止某一行动或工作。

脚踏楼梯板——步步高升

释义 指职位不断上升。

叫花子搬家——一无所有

释义 什么也没有。多指钱财。

叫花子吃豆腐——一穷二白

释义 穷：指物质基础差。白：指科学文化水平不高。形容经济和文化都落后。

叫花子打了碗——倾家荡产

释义 指全部家产都丧失了。

叫花子请客——穷大方

释义 形容没钱还硬装阔气。

叫花子掏钱袋——空空如也

释义 形容一无所有。

叫花子做驸马——受宠若惊

释义 因为得到赏识或宠爱而惊喜不安。

叫铁公鸡下蛋——异想天开

释义 形容想法荒唐离奇，也指想象力超强。

叫哑巴唱歌——强人所难

释义 勉强别人去做其不能做或不愿做的事情。

轿子里打拳——不识抬举

释义 抬举：赞扬，器重。比喻不接受或不珍视别人对自己的好意。

教菩萨认字——枉费心机

释义 指白白地耗费心思，徒劳无功。

节日放烟火——天花乱坠

释义 形容人说话巧妙动听，但夸张而不切实际。

姐俩回娘家——殊途同归

释义 比喻采取不同的方法而得到相同的结果。

借他的缰绳拴他的驴——将计就计

释义 利用对方所用的计策，反过来对付对方。

今年竹子来年笋——无穷无尽

释义 穷：完。指没有止境，没有限度。

金蝉脱壳——溜啦

释义 比喻制造或利用假象脱身，使对方不能及时发觉。

金刚石做钻头——无坚不摧

释义 没有什么坚固的东西不能摧毁。形容力量非常强大。

金壳郎赶牛——自不量力

释义 指过高地估计自己的力量。

金针菜开花——到顶了

释义 指到了顶点，不能再继续发展了。

进学堂不带书——忘本

释义 忘掉自己本来的境况或事物的本源。比喻不知恩图报。

荆轲献地图——暗藏杀机

释义 隐藏杀人的念头。比喻潜在危险。

惊险小说——危言耸听

释义 危言：使人吃惊的话。耸听：使人听了感到震惊。指故意说些吓人的话，使人听了感到吃惊。

井底吹喇叭——低声下气

释义 形容说话时态度卑微恭顺的样子。

警察蹲监狱——以身试法

释义 以自己的行为来试探法律的威力。指明知故犯。

九股绳拧成死疙瘩——难分难解

释义 指双方争斗激烈，相持不下，难以分开。

九曲桥上散步——拐弯抹角

释义 指沿着弯弯曲曲的路走。也比喻说话或写文章绕弯子，不直截了当。

韭菜拌茴香——一团糟

释义 指事情做得很乱，一塌糊涂。

酒鬼喝汽水——不过瘾

释义 指没有满足某种特别深的爱好。

举世无双的珍宝——独一无二

释义 只此一个，别无其他。比喻最突出或极少见，没有可以相比的或相同的。

锯子锯掉烂木头——摧枯拉朽

释义 摧折枯朽的草木。比喻迅速摧毁腐朽的势力。

绝户头生对双胞胎——后继有人

释义 指有后人继承前人的事业。

试一试

1. 同学们都在讨论春游的事，小明却机器人看戏——____________________。
2. 小明真是鸡婆抱鸭子——________________，这种行为值得我们学习。

参考答案 1. 无动于衷 2. 舍己为人

歇后语故事

节日放烟火——天花乱坠

“天花乱坠”出自《心地观经·序品偈》:“六欲诸天来供养，天华(花)乱坠遍虚空。”南朝梁国的开国皇帝梁武帝萧衍笃信佛教，他请云光法师宣讲佛法，在讲《涅槃经》时，竟感动了上天，香花从空中纷纷落下。梁武帝从此更加信佛，后来干脆出家。“天花乱坠”本来形容言辞巧妙，有声有色。后多用来形容言谈虚妄动听，但不符合实际。

开弓的箭——永不回头

释义 比喻事情既然已经开始，就要继续进行下去。

开会骂仗——不欢而散

释义 指很不愉快地分手。

开了闸的河水——一泻千里

释义 形容江河奔流直下。也比喻文笔气势奔放畅达。

开水锅里煮空笼——不争(蒸)包子争(蒸)口气

释义 形容做人要有骨气。

开着收音机听戏——闻声不见人

释义 指只听到名声，没有见到人。

看戏挑媳妇——一头满意

释义 指在某个不合适的场景或行为中，只有一方感到满意。

扛着鸡毛换肩——不知轻重

释义 指不明事理，行事冒昧。

烤熟了的羊头——龇牙咧嘴

释义 形容凶狠或疼痛难忍的样子。

蝌蚪变青蛙——有头无尾

释义 只有开头，没有结尾。指做事不能坚持到底。

客气碰着老实——虚情当成真意

释义 指把假的当成了真的。

空心罗汉——无心肝

释义 比喻没有感情。

孔方兄进庙门——钱能通神

释义 孔方兄：对钱的戏称。指只要肯花钱，什么事都有人干。也形容金钱万能。

孔夫子的砚台——黑心

释义 比喻阴险狠毒的心肠。

口吃灯草——说得轻巧

释义 说起来似乎很容易。

口袋里倒西瓜——干净利索

释义 把西瓜全倒出来，一个不剩。形容把心里话全说出来。

口嚼甘蔗渣——淡而无味

释义　形容说话、写文章内容平淡，无趣味。

枯藤攀枫树——生死相依

释义　形容同命运、共存亡。

苦水里面泡苦瓜——苦惯了

释义　形容已习惯了困苦的生活。

裤腰带上挂个死老鼠——假充打猎的

释义　比喻假充内行却又不像。

快刀切豆腐——迎刃而解

释义　刃：刀口。解：裂开。比喻处理事情、解决问题很顺利。

试一试

1. 他文思泉涌，写起文章来犹如开了闸的河水——____________。
2. 老李写的网文很受人喜欢，但这些文章总是蝌蚪变青蛙——____________________。

参考答案　1. 一泻千里　2. 有头无尾

歇后语故事

快刀切豆腐——迎刃而解

“迎刃而解”出自《晋书·杜预传》。杜预做镇南大将军的时候，曾带兵攻打吴国，不到十天就占领了吴国的许多重要城池。正在此时，有人出来劝阻道：“吴国建国多年，不可能一下子就被打垮。现在又是夏季，南方天气炎热，不如等夏天过去后再攻打吴国。”杜预听完后说，现在我军连胜数仗，士气旺盛，而吴军则连败数仗，士气低落。现在去攻打那些士气低落的军队，其形势“譬如破竹，数节之后，皆迎刃而解”。于是，杜预就带领晋军大举进攻吴国，不久就把它灭掉了，从而实现了全国统一。劈竹子时，上几节一破开，下面的就随着刀口裂开了。所以“迎刃而解”比喻主要问题解决了，其他相关的问题就很容易解决。

垃圾堆里的破鞋——没人要的货

释义　东西没有人要。比喻毫无价值。

拉大旗做虎皮——装面子

释义　比喻打着某种旗号来壮声势，吓唬人、蒙骗人。

拉牛入鼠洞——行不通

释义　形容没有回旋的余地和选择的空间。

拉琴的丢唱本——没谱

释义　指心中没底或没有计划。

拉石灰车遇到倾盆雨——心急如焚

释义　焚：烧。心里急得像着了火一样。形容十分焦急。

腊月里扇扇子——火气太大

释义　形容脾气十分暴躁。

腊月里遇着狼——冷不防

释义　指毫无防备，突然地。

腊月卖凉粉——不是时候

释义 形容不合时宜。

腊月种小麦——外行

释义 指对某一领域一无所知的人。

癞蛤蟆吃天——无从下口

释义 指做某件事没有任何门径或找不到头绪，没法着手去办。

癞蛤蟆打哈欠——好大的口气

释义 讥讽人说话的气势不小。

癞蛤蟆跳到秤盘上——自称自

释义 指自己称赞自己。

癞蛤蟆吞月亮——痴心妄想

释义 指一心想着不可能实现的事。

癞皮狗上轿——招摇撞骗

释义 招摇：故意炫耀自己。撞骗：到处找机会行骗。指假借名义到处炫耀自己来进行诈骗活动。

栏杆上摆花盆——无地自容

释义 没有地方能让自己藏起来。形容羞愧到了极点。

懒汉不拉纤——顺水推舟

释义 顺水：指船行驶的方向与水流的方向一致。顺着水流的方向推船。比喻顺着某个趋势或某种方式说话办事。

懒婆娘干活——慢慢磨

释义 动作很慢，故意浪费时间或拖延时间。形容消极怠工，只出工不出力。

狼哭羊羔——假仁假义

释义 指假装仁慈善良。

狼夸羊肥——不怀好意

释义 指心里有不可告人的目的。

狼窝里的羊——九死一生

释义 九：泛指多数。指历尽艰险，死里逃生。也形容处在生死关头，情况十分危急。

浪头撞在礁石上——粉身碎骨

释义 多指为了某种目的而不惜牺牲生命。也比喻彻底失败或遭遇极大的磨难。

老大懒惰老二勤——一不做，二不休

释义 指事情既然开了头，就要坚持到底。

老佛爷念素珠——心中有数

释义 指对情况和问题有基本的了解，处理事情有一定把握。

老鸹站树梢——呱呱叫

释义 形容人的本领或货物的质量极好。

老汉的枕头——一包草

释义 形容一个人没有真才实学，虚有其表，被人瞧不起。

老和尚诵经——念念有词

释义 旧时迷信的人祈祷时会不停地念着咒语或说祈祷的话，以通神灵，现多用来形容人自言自语地说个不停。

老和尚剃头——一扫光

释义 形容彻底清除。

老虎背十字架——冒充耶稣

释义 比喻坏人冒充好人。

老虎吃豆芽——小菜一碟

释义 比喻微不足道的一件事情。也形容事情轻而易举，做起来毫不费力。

老虎吃牛——大干一场

释义 全身心地投入去做好一件事。

老虎的屁股——摸不得

释义　形容自以为是，听不得批评意见，不容他人冒犯。

老虎洞里砌神台——莫名其妙(庙)

释义　名：说出。妙：奥妙。不能说出其中的奥妙。指发生的事情很奇怪，解释不出道理来。

老虎没了皮——威风扫地

释义　比喻完全丧失了威严和信誉。

老虎念经——口是心非

释义　形容心口不一致，嘴上说一套，心里想一套。

老虎身上的虱子——没人敢惹

释义　形容人或势力很厉害，不能招惹，否则会带来难以承受的麻烦。

老虎皮兔子胆——色厉内荏

释义　色：神色。厉：厉害。荏：软弱。形容外表严厉强硬，内心怯懦软弱。

老虎演戏——难收场

释义　形容做一件事情进行下去有困难，但情况又不允许中途停止，陷入进退两难的境地。

老将耍镰刀——少见(剑)

释义 指罕见,难得遇见。

老两口观灯——走着瞧

释义 指过一段时间再下结论。

老猎手打野兽——百发百中

释义 形容射箭或打枪非常准确,每次都命中目标。也比喻做事有充分把握,绝不落空。

老龙王投江——死得其所

释义 所:地方。指死得有价值、有意义。

老母猪摆擂台——丑八怪逞能

释义 逞能:炫耀、显示自己的才能。指丑人逞能。

老母猪打架——全凭一张嘴

释义 指没有实际本事,只是口头说说而已。

老母猪和牛打架——豁出老脸来了

释义 指某件事情已经被否决了,但是不死心,还厚着脸皮去争取。

老母猪进粮仓——贪吃贪喝

释义 形容狼吞虎咽的样子。

老母猪嫌米糠——反常

释义 指状况不同于往常。

老尼姑瞧嫁妆——没指望

释义 指没有希望，没有任何盼头。

老牛挨鞭子——忍辱负重

释义 负重：担负重任。形容为了承担起重大的责任、任务而甘愿忍受屈辱。

老牛掉进深泥潭——不能自拔

释义 拔：摆脱。指陷进艰难的境地，难以使自己从中解脱。

老牛拉碾——原地打转

释义 在原来的位置转来转去。比喻没有进步。

老牛拉破车——慢腾腾

释义 形容动作极其缓慢。

老牛拉稀屎——接连不断

释义 指一个接着一个，从不间断。

老牛身上拔根毛——微不足道

释义 指意义、价值等渺小得不值一提。

老牛追汽车——赶不上(撵不上)

释义　形容远远落在后面。

老牛钻鸡窝——没门

释义　指事情一点儿门路都没有。

老婆婆当兵——充数

释义　比喻由于某种原因才勉强参与，但实际上并不能发挥应有的作用，或达不到预期的效果。

老婆婆纺线——拖拖拉拉

释义　指行动、习惯或性格等拖延，不利落。

老婆婆喝稀饭——无耻(齿)下流

释义　指不知羞耻，低级下流。

老婆婆烧香——一片诚心

释义　形容十分真挚诚恳。

老寿星还童——面目全非

释义　指面孔变得完全不是原来的样子。也形容事物变化极大。

老鼠吃海水——无足轻重

释义　足：足以。无关紧要。指不值得重视或不起作用。

老鼠跌进铁桶里——无缝可钻

释义 比喻事物周密完善，找不出破绽或漏洞。

老鼠过街——人人喊打

释义 指对坏人坏事人人愤恨。

老鼠拉王八——找不到头

释义 形容不知从哪里入手。

老鼠偷芝麻——吃香

释义 指受重视，受人欢迎。

老鼠钻风箱——两头受气

释义 形容处于矛盾双方之中，两面不讨好，到处受委屈。

老鼠钻烟囱——够呛

释义 形容十分厉害，足够受的。

老鼠做寿——小打小闹

释义 形容小规模地开展工作。

老太婆吃黄连——苦口婆心

释义 形容以恳切真挚的态度，竭力劝告他人。

老太太吃软柿子——正好

释义　形容恰好，正合适。

老太太打哈欠——一望无涯(牙)

释义　涯：边际。一眼望不到边。形容非常辽阔。

老太太的嘴——吃软不吃硬

释义　对态度强硬者决不屈从，对好言好语者可以听从。形容人个性顽强，不怕强硬。

老太太扭秧歌——笨手笨脚

释义　形容动作不灵活。

老头儿发脾气——吹胡子瞪眼

释义　形容生气、发怒的样子。

老头子联欢——非同儿戏

释义　形容事情很重要，不是闹着玩的。

老王卖瓜——自卖自夸

释义　夸：夸赞。自己卖的东西自己夸好。比喻为自己吹嘘。

老爷家里当差的——低三下四

释义　形容对人恭顺，没有骨气的样子。

老鹰得肠——欢喜若狂

释义 喜欢得像发了狂。形容高兴到了极点。

老鹰啄田埂——白磨嘴皮子

释义 指说的都是废话，没有任何用处。

冷水浇头——凉了半截

释义 形容非常失望。

冷水烫鸡——一毛不拔

释义 连一根毛也不愿拔。比喻极端吝啬自私。

离了水晶宫的龙——寸步难行

释义 连一步都难走。形容走路困难。也比喻处境艰难。

李逵穿针——粗中有细

释义 形容人说话做事表面好像粗鲁、随便，实际上审慎、细心。

李时珍看病——手到病除(妙手回春)

释义 刚动手治疗，病就除去了。形容医生的医术高超。

李世民捏窝窝头——御驾亲征(蒸)

释义 天子亲自率兵征讨。比喻亲自出面做某事。

里插竹竿——横生枝节

释义　枝节：指细小或旁出的事情。比喻在解决问题的过程中意外发生了一些麻烦事。

理发匠登金榜——行行出状元

释义　指不论干哪一行，只要勤恳地做好本职工作，都能取得优异的成绩。

鲤鱼剖腹——开心

释义　指心情舒畅、快乐。

鲤鱼找鲤鱼，鲫鱼找鲫鱼——物以类聚

释义　类：同类。指同类的事物经常聚集在一起。也比喻坏人臭味相投而互相勾结在一起。

俩狗打架——你咬我，我咬你(以牙还牙)

释义　形容争斗的两方都不是好人，所争的事也不是正义的事。

俩哑巴说话——比比画画

释义　指讲话的时候用手势示意。

莲梗结籽——心连心

释义　比喻双方都能明白彼此的心思。

脸上贴膏药——面子上不好看

释义 指丢脸、出丑。

练武术的不拿刀枪——赤手空拳

释义 手里没有一点儿武器。比喻办事缺乏物质基础，一无所有。

梁山的兄弟——不打不相识

释义 指经过交手，相互了解，能更好地结交、相处。

梁上吊死人——上不着天，下不着地

释义 比喻两头都没有着落。

两个巴掌打人——左右开弓

释义 左手和右手都能射箭。比喻双手在做同一个动作或同时进行几项工作。

两个第一——不相上下

释义 指分不出高低、好坏、胜负。也形容程度、水平相当。

两个泥菩萨过河——谁也救不了谁

释义 比喻连自己也保不住，更顾不上别人。

两个醉汉睡觉——东倒西歪

释义 形容行走、站立、坐下时，姿势不稳，身不由己。也比喻杂乱无章。

两虎相斗——必有一伤(自相残杀)

释义 比喻两个强者互相搏斗，必然有一方要遭受严重损害。

两口子打官司——一言难尽

释义 形容事情曲折复杂，不是一句话能说清楚的。

两口子对着吹喇叭——斗气

释义 指对别人有意见或闹情绪，彼此诋毁或侮辱对方。

两扇磨磨面粉——缺一不可

释义 指少一样也不行。

两手托刺猬——棘手

释义 形容事情难办或难以对付。

两只风筝一块儿飞——胡搅蛮缠

释义 指故意捣乱，纠缠不休。

林冲到了野猪林——绝处逢生

释义 绝处：死路。形容在最危险的时候遇到生路。

林冲上梁山——逼出来的

释义 指被迫奋起反抗。

临拉屎挖茅坑——手忙脚乱

释义 形容做事慌乱，没有条理。

临老得了摇头病——身不由己

释义 由：听从，顺从。指行为不能由自己控制。

临死挨了一巴掌——死不要脸

释义 指脸皮厚，不知羞耻。

刘备对孔明——言听计从

释义 说的话都相信，出的主意都采纳。形容对某个人十分信任。

刘备上了黄鹤楼——胆战心惊

释义 形容非常害怕。

刘胡兰钻铡刀——宁死不屈

释义 宁愿死去也决不屈服。多用来赞颂斗争到底的精神和忠贞不屈的气节。

刘姥姥进大观园——看花了眼

释义 指看见复杂纷繁的东西而感到迷乱。也比喻事物纷繁复杂，无法辨清。

流浪汉坐远洋轮——四海为家

释义 原指帝王占有全国。后指什么地方都可以当作自己的家。

也形容志在四方，不留恋家乡或个人小天地。

六月飞霜——怪事一桩

释义 指各种非自然、无法用常理解释的事件。

六月天下雪——得之不易

释义 不容易得到。指财物的取得或成绩、利益的获得是不容易的。

六指头拨琵琶——乱弹琴

释义 比喻胡扯或胡闹。

六指头上茶——格外巴结

释义 指做一些讨好对方的事情，投其所好，博得对方的欢心。

龙王吹喇叭——神气

释义 指自以为了不起而显示出来的得意和傲慢的样子。

龙王爷出海——兴风作浪

释义 原指神话小说中妖魔鬼怪施展法术掀起风浪。后多比喻煽动情绪，挑起事端。

龙王爷翻脸——要变天

释义 指天气发生变化。也形容政治格局发生了根本变化。

龙王爷放火——改行

释义　从原有行业转而从事新的行业，即改变工作性质或改变工作方式等。

龙王揍河神——自家人打自家人

释义　比喻本是自己人，因不相识而误会，发生冲突和争端。

聋子的耳朵——摆设

释义　比喻徒有其表而无实用价值的东西。

聋子放炮——充耳不闻

释义　塞住耳朵不听。形容有意不听别人的意见。

笼里的斑鸠——不知春秋

释义　比喻见识短浅。

笼子里的鸟——有翅难飞

释义　即使插上翅膀也难以飞走。形容怎么也逃不了。

搂着金条睡觉——守财奴

释义　指有钱而非常吝啬的人。

卢沟桥的石狮子——数不清

释义　形容多得数不完。

鲁智深出家——无牵无挂

释义 形容没有任何牵挂和拖累。

路边的芨芨草——看不上眼

释义 瞧不上眼。指不合自己的心意。

轮船开往亚非拉——四通八达

释义 形容交通方便，畅通无阻。

螺蛳壳里做道场——打不开场面

释义 形容在狭小或有限的条件下，难以施展才华或开展大规模的活动。

骆驼挨鞭子——忍辱负重

释义 指为了完成艰巨的任务，忍受暂时的屈辱。

落水的桃花——随波逐流

释义 比喻没有坚定的立场，缺乏判断是非的能力，只能随着别人走。

绿头苍蝇——见缝下蛆

释义 比喻一有机会便为非作歹。

试一试

1. 王老板说想找个帮手，我就懒汉不拉纤——____________，

把你推荐给他。

2. 这点小事对我来说就是老牛身上拔根毛——____________。

参考答案 1. 顺水推舟 2. 微不足道

歇后语故事

骆驼挨鞭子——忍辱负重

“忍辱负重”出自《三国志·吴书》。公元221年，蜀主刘备为了从孙权手里夺回荆州，率部队攻打东吴。孙权任命年轻有为的陆逊为大都督，带领五万人马前往迎战。陆逊在吴将中资历较浅，将领们都不服从指挥。有一次，陆逊召集众将，表明自己能够忍辱负重，力克强敌。希望将领们能够听命于他。后来陆逊利用火攻之计，大破蜀军，取得夷陵之战的重大胜利。“忍辱负重”是指为了完成艰巨的任务，忍受暂时的屈辱。小不忍则乱大谋，做事应从大局出发，不可因小失大。

M

麻包里装钉子——露头

释义　比喻事物刚刚萌芽。

麻布手巾绣牡丹——配不上

释义　形容彼此条件不相当，不合适。

麻布鞋上镶绸子——不成体统

释义　体统：格局；规矩。指人或事物不符合相关规矩，有失庄重。

麻秸秆做扁担——挑不起重担

释义　指担负不了重要而又艰巨的任务。

麻秸秆做屋梁——无用之才

释义　指无用或无价值的物品。

麻雀搬家——叽叽喳喳

释义　形容杂乱尖细的声音。

麻雀的肚腹——小心眼

释义　形容一个人小气，没有度量。

麻雀开会——细商量

释义 指一起讨论计议，互相交换意见。

麻雀虽小——五脏俱全

释义 比喻事物体积或规模虽小，具备的内容却很齐全。

麻雀想和鹰打架——不是对手

释义 指在竞争或比赛中，能力、水平都和对方相差太远。

麻油拌小菜——个个喜爱

释义 人人见了都喜欢。形容人美丽可爱，或者事物讨人喜欢。

麻油煎豆腐——下了大本钱

释义 指投入了很大的成本。

麻子的脸——尽是缺点

释义 指全是不足，没有可取之处。

麻子敲门——坑人到家了

释义 形容为非作歹，害人至极。

马槽里的苍蝇——混饭吃

释义 指不通过正常劳动或不出力而得食。也指为谋生而工作。

马槽里伸出个驴头——多嘴多舌

释义 形容人爱管闲事，搬弄是非。

马车过沼泽地——此路不通

释义 指某种方法或途径行不通。

马褂改裤衩儿——大材小用

释义 把大的材料当成小的材料用。比喻使用不当，浪费人才。

马鲛鱼——嘴硬骨头酥

释义 形容嘴上说得强硬而内心却很怯弱。

马笼头给牛戴——生搬硬套

释义 套：模仿。指不顾实际情况，机械地运用别人的经验，照抄别人的办法。

马路旁的电线杆——靠边站

释义 指自觉站到一边去，不要惹人讨厌。

马屁精拍了马腿——倒挨一脚

释义 形容讨好对方却不合对方心意，反而讨了没趣。

马勺里淘菜——水泄不通

释义 形容拥挤或包围得非常严密。

马尾绷琵琶——不值一谈(弹)

释义 不值得提起。形容事情很轻微或者不重要。

马尾拴鸡蛋——难缠

释义 指人难以对付,不易打交道。

马戏团的小丑——走过场

释义 形容办事只在形式上做一下,不实干。

蚂蚁搬家——倾巢出动(洞)

释义 指出动全部力量,多含贬义。

蚂蚁打群架——自相残杀

释义 残:伤害。指自己人之间互相残害。

蚂蚁的嘴——吃里爬外

释义 指胳膊肘往外拐,接受这一方的好处,暗地里却为那一方卖力。

蚂蚁过河——抱成一团

释义 蚂蚁过河,为了避免沉没,相互抱成一个团儿才能漂过去。比喻团结起来,共同渡过难关。

蚂蚁进牢房——自有出路

释义 指自己有能够解决问题的门路和途径。

蚂蚁啃旗杆——吃不消，攻不倒

释义 指经受不住，难以承受，忍耐不了。

蚂蚁拉石磙——心有余而力不足

释义 心里非常想做，但是力量不够。形容有意干某事而客观条件不允许。

蚂蚱配蝗虫——门当户对

释义 当：相称。对：匹配。旧指男女双方家族的社会地位和经济状况不相上下，适宜通婚结亲。

蚂蚱跳塘——不知深浅

释义 原意是不知道水的深浅。后多用以形容不懂事情的利害。

买回彩电带回发票——有根有据

释义 指有根据，不是凭空捏造。

买匹布裹脚——宽打窄用

释义 预算打得宽裕一些，用起来节省一些。比喻做计划要留有余地。

麦秆儿当秤——没斤没两

释义 没有大小、分量。指人做事不分轻重。

卖布不用尺——胡扯

释义 指胡编乱造，瞎说一通。

卖豆芽的抖搂筐——干净利索

释义 形容做事情快速彻底，不拖拉。

卖胡琴的碰上卖布的——拉拉扯扯

释义 原指牵挽亲昵的样子。后形容关系暧昧。

卖门神掉江里——人财两空

释义 人和钱财都无着落或都有损失。

卖虾的不拿秤——抓瞎(虾)

释义 指忙乱着急，不知所措。

满街挂灯笼——光明大道

释义 指正确的有前途的道路。

满脑壳长疮钻刺窝——自讨苦吃

释义 讨：招惹。苦：苦头。指本来没事，自己偏去惹麻烦。

满天飞乌鸦——漆黑一片

释义 指没有光亮。也形容受打击，心情低落。

盲人的拐棍——寸步不离

释义 一步也不离开。指两人感情好，总在一起。

盲人干活——不分日夜

释义 形容不管白天黑夜，一直在工作。

盲人上大街——目中无人

释义 形容自高自大，瞧不起他人。

盲人粘字画——倒贴

释义 指该收钱的一方反而向该付钱的一方提供财物。

猫额上画王字——虎头虎脑

释义 形容健壮憨厚的样子(多指男孩)。

猫教老虎上树——无奇不有

释义 指什么稀奇的事物都有。

猫捉老鼠——拿手好戏

释义 原指演员擅长的剧目。现泛指最擅长的本领。

茅厕里啃西瓜——不是味儿(不对味)

释义 指各种味道混杂在一起。也形容感受复杂而说不清楚。

帽子里搁砖头——头重脚轻

释义 头脑发胀，脚下无力。形容身体不适或者基础不牢固。

没等开口三巴掌——不由分说

释义 分说：辩白；解说。指不容人分辩、解释。

没路标的三岔口——左右为难

释义 指无论怎么做都有难处。

没罪找枷戴——自寻烦恼

释义 指自己给自己带来烦闷和苦恼。

眉毛胡子一把抓——主次不分

释义 比喻做事不分轻重缓急，抓不住主要问题。

眉毛上安灯泡——明眼人

释义 指对事物观察得很清楚的人，有见识的人。

梅香照镜子——一副奴才相

释义 形容卑躬屈膝、讨好奉承的样子。

煤面子捏的人——黑心肝

释义 形容人没有良心。

美女嫁痴汉——凑合着过

释义 指互相将就，勉强过日子。

门背后挂死人——提心吊胆

释义 心提着，胆吊着。形容对事情不放心，非常害怕。

门缝里看大街——眼光狭窄

释义 指只看到事情的一面，无法全方位看待整件事情。

门旮旯里伸拳头——暗中使劲

释义 指人暗中努力干某事。

门槛上剁萝卜——一刀两断(段)

释义 一刀斩为两段。比喻坚决断绝关系。

蒙上眼睛拉磨——瞎转悠

释义 无目的地闲逛。

蒙着被子放屁——独吞

释义 指把本该属于大家的东西据为己有。

蒙着眼睛哄鼻子——自欺欺人

释义 既欺骗自己，也欺骗别人。形容不肯面对事实。

猛将军骑马——一跃而上

释义 一下子就跳上去。形容速度极快。

猛张飞舞刀——杀气腾腾

释义 腾腾：气体蒸发的样子。形容气势凶狠。

梦里拾钞票——财迷心窍

释义 指人因想发财而失去正常认识，犯糊涂。

梦中游太空——想入非非(飞飞)

释义 非非：原为佛家语，玄幻的境界，指一般认知能力所达不到的地方。比喻思想脱离实际，幻想根本不能实现的事情。

弥勒佛管山门——自得其乐

释义 指自己能从中得到乐趣。

米汤煮芋头——糊里糊涂

释义 指认识模糊，不明事理。也形容思想处于模糊不清的状态。

蜜糖嘴巴刀子心——阴毒

释义 指阴险且毒辣。

绵羊摆在案板上——任人摆弄

释义 指受别人操纵，由不得自己。

棉花包里的针——暗中伤人

释义 比喻暗中进行害人的活动。

棉裤没有腿——凉了半截

释义 形容非常失望。

庙里的观音——站得住脚

释义 指在某处占有一席之地。

庙堂里算命——疑神疑鬼

释义 疑：怀疑。形容疑心很重，胡乱猜疑。

灭虱子烧皮袄——因小失大

释义 因：为了。指为了小的利益而造成大的损失。

灭烛看家书——公私分明

释义 指公家和私人的情况分得很清楚。

名医开处方——对症下药

释义 比喻针对事物的问题所在，采取有效的解决措施。

摸石头过河——稳稳当当

释义 比喻办事谨慎，牢靠妥当。

魔术师的本领——弄虚作假

释义 指耍花招欺骗他人。

磨扇里的窟窿——有眼无珠

释义 比喻没有识别能力，看不见某人或某事物的价值。

磨眼里推稀饭——装糊涂

释义 指心里明白，但表面上装作什么也不知道。

墨汁里加石灰——瞎掺和

释义 指胡乱插手参与到某事中，给对方带来了麻烦。

墨汁里煮元宵——漆黑一团

释义 形容什么都看不清楚。也形容对事情一无所知。

母鸡吃烂豆子——肚子坏点子

释义 指人的心肠很坏。

母鸡孵小鸭——多管闲事

释义 指插手管别人的事。

母猪吵架——笨嘴拙舌

释义 拙：不灵巧。形容没有口才，不善言辞。

木匠挨板子——自作自受

释义 受：承受。指自己做了蠢事或坏事后，得到的不良后果由自己承担。

木匠丢了折尺——没有分寸

释义 说话或做事超过了限度。

木匠师傅劈柴——不在话下

释义 不在谈论的范围内。指事情轻微，不值一提。

穆桂英出征——马到成功

释义 原为古代祝愿军队出征一举得胜的话。现形容迅速获胜或取得成效。

穆桂英挂帅——威风凛凛

释义 威风：使人敬畏的声势。凛凛：气势逼人。形容声势或气派使人敬畏、恐惧。

试一试

1. 麻雀虽小——＿＿＿＿＿＿＿＿，这家医院虽然规模小，但是科室设置得非常齐全。
2. 他现在是马路旁的电线杆——＿＿＿＿＿＿＿＿，不管事了。

参考答案 1. 五脏俱全 2. 靠边站

歇后语故事

磨扇里的窟窿——有眼无珠

“有眼无珠”出自《举案齐眉》第一折：“常言道，贤者自贤，愚者自愚，就似那薰莸般各别难同处，怎比你有眼却无珠。”“有眼无珠”意思是没长眼珠子。常用来责骂人瞎了眼，看不出某人或某事物的价值。

拿豆腐挡刀——招架不住

释义 比喻无法抵挡或没有力量再支撑下去。

拿个小钱当月亮——吝啬鬼

释义 指过分爱惜自己的财物，不舍得用或者不愿意和他人分享的人。

拿着蜂房变戏法——耍心眼

释义 指为了个人的利益而对他人施展小聪明。

拿着活人当熊耍——愚弄人

释义 指蒙蔽、捉弄他人。

拿着鸡蛋走滑路——小心翼翼

释义 翼翼：恭敬慎重的样子。形容举动十分谨慎，一点儿也不敢疏忽。

拿着蒲扇生炉子——煽风点火

释义 比喻煽动别人闹事，以挑起事端。

拿着扫帚上杏树——扫兴(杏)

释义 指高兴的时候遇到不愉快的事情而兴致低落。

奶奶的鞋子——老样子

释义 指像以前一样，没有发生任何变化。

奈何不得冬瓜，只把茄子磨——欺软怕硬

释义 指欺负软弱的，害怕强硬的。

南瓜秧攀葫芦——纠缠不清

释义 形容纷乱，理不出头绪。也指有意找麻烦，抓住一点儿小事不肯放手。

南极寿星，太上老君——各有千秋

释义 各有各的存在价值。比喻在同一层次内，各人有各人的长处和特色。

南京路上的霓虹灯——五光十色

释义 形容色彩鲜艳，花样繁多。

南墙根儿的茄子——阴蛋

释义 比喻不露面的坏东西。

南天门上搭戏台——唱高调

释义 发表看起来高明但脱离实际的论调。

脑袋掉了不过碗口大的疤——视死如归

释义 归：回家。把死看作像回家一样。形容对死无所畏惧。

脑袋瓜儿长秃疮——不是好剃的头

释义 指难缠、不易对付的人。

脑袋上的蚂蚁——头头是道

释义 形容说话做事很有条理。

脑袋系在裤带上——豁出去了

释义 指不惜付出任何代价。

脑壳上安电扇——出风头

释义 指故意表现自己，显示自己比别人强。

脑门上着火——急在眼前

释义 形容事情十分紧急。

嫩竹扁担挑瓦罐——担风险

释义 指承担可能发生的危险。

尼姑偷汉——躲躲闪闪

释义 形容为人不坦率、不直爽。

泥菩萨掉在汤锅里——浑身酥软

释义 指肢体软弱无力。

泥菩萨遭雷打——粉身碎骨

释义 比喻为了某种目的或遭到危险而丧失生命。

泥人戴纸帽——经不起风吹雨打

释义 比喻经受不住严峻的考验。

泥人遇木偶——面面相觑

释义 觑：看。你看我，我看你，不知道如何是好。形容人们因惊惧或无可奈何而互相看着，默不作声。

泥瓦匠出身——和稀泥

释义 做事谁也不得罪。比喻调和纷争。多指无原则地调和折中。

逆风放火——引火烧身

释义 指自讨苦吃或自取灭亡。

年糕掉进石灰坑——难收拾

释义 指事情败坏到无法整顿或不可救药的地步。

念九九表——说话算数

释义 指遵守与别人的约定。

鸟儿搬家——远走高飞

释义 像野兽一样跑向远处，像鸟儿一样飞往高空。比喻脱离目前的处境，到远方寻找新的出路或过新的生活。

捏鼻子吹螺号——忍气吞声

释义 指受了气只能忍耐，有话不敢说出来。

捏住耳朵擤鼻涕——劲儿使得不是地方

释义 指力气没有用在需要的地方，白费功夫。

牛鼻里爬小蟹——大惊小怪

释义 指对不足为奇的事情过分慌张或惊讶。

牛犊拉车——乱套

释义 乱了次序或秩序。形容非常混乱。

牛龛里的虫——硬钻

释义 比喻硬往里面挤。

牛奶拌墨汁——黑白不分

释义 把黑的说成白的，把白的说成黑的。比喻颠倒是非，歪曲事实。

牛皮饭碗——打不破

释义 形容坚固紧密，不能摧毁或拆开。

牛皮纸上雕花——刻薄

释义 指(待人、说话)冷酷无情，过分苛求。

牛屁股后念祭文——白费口舌

释义 指谈话一无所获。也比喻做无用功。

牛羊入圈鸟落窝——各得其所

释义 原指各人都得到自己所希望的东西。现多指每个人或事物都得到恰当的安排。

扭着脖子想问题——尽是歪道理

释义 指无理强辩，把无理硬说成有理。

女驸马招亲——不明真相

释义 指不明白事情的实际情况。

女鬼偷汉——死不要脸

释义 指不要面子，不知羞耻。

女子走钢丝——胆大心细

释义 形容办事果断，考虑周密。

暖房里的菜畦——四季常青

释义 形容花草树木一年四季都生长得青翠碧绿，生机勃勃。也可形容人的精力充沛，精神饱满，很有活力。

试一试

1. 卫生员给战士包扎伤口，真是拿着鸡蛋走滑路——________

__________。

2. 薛明大学毕业去外地找到了好工作，很快就会鸟儿搬家——____________。

参考答案 1. 小心翼翼 2. 远走高飞

歇后语故事

脑袋掉了不过碗口大的疤——视死如归

“视死如归”出自《吕氏春秋·勿躬》：“平原广牧，车不结辙，士不旋踵，鼓之而三军之士视死如归，臣不如王子城父。”管仲是春秋时期的政治家。他成为齐相后，向齐桓公推荐了五位能人，对其中之一的东郭牙评价道：“请派他主管监察，整肃军队，他能使全军将士毫不畏惧地英勇挺进，把死看成像回家一样。”齐桓公便依照管仲的意见，重用了这五个人，他们果然很出色。“视死如归”是指把死看得像回家一样平常。形容不怕牺牲生命。比如《红岩》中，江姐非常从容地走向刑场，视死如归。刘胡兰在敌人的铡刀面前威武不屈，视死如归。

藕炒黄豆——无孔不入

释义 比喻善于四处钻营，有空子就钻。也指善于利用一切机会。

藕断丝不断——离不开

释义 比喻表面上关系已断，实际上仍有牵连。

试一试

他极善钻营，可谓是藕炒黄豆——________。

参考答案 无孔不入

歇后语故事

藕炒黄豆——无孔不入

“无孔不入”出自清·李宝嘉《官场现形记》第三十五回：“况且上海办捐的人，钻头觅缝，无孔不入。”比喻有空子就钻。

爬上马背想飞天——好高骛远

释义 好：喜欢。骛：从事，追求。指脱离实际地追求过高、过远的目标。

怕死碰见鬼子兵——在劫难逃

释义 旧时认为命里注定要遭受的灾难是无法逃脱的。现指某种灾害不可避免。

怕死碰见送葬的——倒霉透了

释义 指遇事不利，遭遇不好。

潘金莲偷汉子——本性难移

释义 移：改变。指一个人的本质难以改变。

判官跌跤子——冒失鬼

释义 指举动鲁莽、轻率的人。

螃蟹满地爬——到处横行

释义 比喻不讲道理，欺压他人或为非作歹。

螃蟹吐沫——没完没了

释义 指无穷尽，没有完结。

跑步比赛——你追我赶

释义 形容竞争激烈，大家都不甘落后。

炮台上的麻雀——吓破了胆

释义 形容一个人受到了很大的惊吓，很害怕。

炮仗店失火——一响百应

释义 形容号召力大，响应的人很多。

屁股上吊蒲扇——尽走上风

释义 指占据有利地位，处于优势。

屁股生疮背又痛——坐卧不安

释义 坐着也不是，站着也不是。形容心情紧张，情绪不宁。

平房门前不漏雨——有言(檐)在先

释义 有话讲在前面。指事前打了招呼。

平民百姓见玉帝——一步登天

释义 比喻一下子就达到很高的境界或程度。也比喻人突然得志，爬上高位。

屏风上贴仕女图——话(画)里有话(画)

释义 指话里含有别的意思。

婆婆穿花袄——老来俏

释义　指衣着打扮如青年人的中老年人。

婆婆穿花鞋——赶时髦

释义　指追赶潮流，喜欢迎合当前最流行的风尚。

婆婆嘴吃西瓜——滴水不漏

释义　一滴水也不外漏。形容说话办事非常细致周密，无懈可击。

破罐子破摔——自暴自弃

释义　自己糟蹋自己，自己鄙弃自己。形容自卑自贱，自甘堕落。

破麻袋做裙子——不是这块料

释义　指某人在某方面没有基础，达不到做某项工作的要求，无法完成该方面的工作。

破棉袄套绸衫——装面子

释义　比喻为了表面好看而加以粉饰点缀。

破皮球缝帽子——不成器(盛气)

释义　指人资质平庸，没有什么出息。

破铜烂铁当武器——打烂仗

释义　形容条件差，只能凑合着用破旧的物品作为工具或武器，

暗示处境艰难或生活拮据。

菩萨吞长虫——佛口蛇心

释义 佛的嘴巴，蛇的心肠。比喻话虽说得好听，心肠却极其狠毒。

菩萨坐冷庙——孤苦伶仃

释义 伶仃：孤独。形容孤单困苦，没有依靠。

蒲扇两边摇——两面讨好

释义 指在两派之间摇摆或保持中间立场以讨好双方的人。

试一试

1. 她的丈夫脾气火暴，总是出口伤人，真是潘金莲偷汉子——__________________。

2. 阿庆嫂机智勇敢，面对敌人的盘问，真是婆婆嘴吃西瓜——__________________。

3. 学习要循序渐进，一步一个脚印，不能平民百姓见玉帝——__________________。

参考答案 1. 本性难移 2. 滴水不漏 3. 一步登天

歇后语故事

婆婆嘴吃西瓜——滴水不漏

“滴水不漏”出自宋·朱熹《朱子语类·易三》:“又要说得极密处无缝罅,盛水不漏。”一滴水也不外漏。形容说话、办事非常细致、周密,无懈可击。也形容钱财全部抓在手里,不肯轻易出手。如京剧《沙家浜》中就塑造了一个智勇双全的女地下工作者阿庆嫂的形象。她真不愧是个开茶馆的,说起话来滴水不漏,机智地与狡猾的敌人巧妙周旋,见招拆招,充分显示了她的智慧和勇敢。

七个钱放两处——不三不四

释义 形容不正派或不像样子。也形容人的品行不端。

七个人通阴沟——低三下四

释义 指社会地位低下。也形容卑躬屈膝、讨好人的样子。

七擒孟获——叫他口服心服

释义 心里嘴上都服气。指真心服气。

七十岁学气功——老练

释义 指阅历深，经验丰富，办事老道。

齐桓公用管仲——不记前仇(不计前嫌)

释义 指不计较以前的仇恨。

骑兵掉河里——人仰马翻

释义 人和马都被打得翻倒在地。形容被打得惨败。也比喻乱得一塌糊涂，不可收拾。

骑兵逛公园——走马观花

释义 走马：骑着马跑。骑在奔跑的马上看花。多指粗略地观察一下。也比喻观察事物或了解情况不够深入、细致。

骑老牛追快马——望尘莫及

释义 尘：指马跑过扬起的尘土。比喻别人进步很快，自己赶不上。

骑马时间少，擦镫时间多——本末倒置

释义 本：树根。末：树梢。比喻分不清事情的轻重缓急，把主要的和次要的、重要的和不重要的位置弄颠倒了。

骑牛找牛——老糊涂

释义 指年老昏聩且不明事理的人。

旗杆上的灯笼——高明

释义 比喻技能或见解高明。

乞丐吃醋——一副穷酸样

释义 形容一个人因为贫穷而表现出的某种神态。旧时用以称穷书生。

乞丐的衣服——破绽多

释义 比喻事情或说话的漏洞太多。

起个五更，赶个晚集——老落后

释义 起得很早，到集市却已很晚了。比喻行动虽早，却未获得好的效果。

气球上扎窟窿——泄气

释义 比喻灰心，失去信心。

汽车的后轮——不会拐弯

释义 比喻说话、写文章或做事情直来直去，缺乏灵活性，不懂得变通。

汽车亮了尾灯——回光返照

释义 比喻人在临终时神志忽然清醒或出现短暂的兴奋。也比喻旧事物灭亡前出现表面上的短暂繁荣。

砌墙的砖头——后来居上

释义 比喻后来的人和事进步很快，有称赞后起之秀超过前辈之意。

千臂观音——多面手

释义 指擅长多种技艺的人。

千古的罪人——十恶不赦

释义 十恶：古代刑律上的十种不可赦免的大罪行。赦：宽恕。形容犯人罪恶极大，不可饶恕。

千里打电话——遥相呼应

释义 应：照应。指远远地互相联系，互相配合。

千里送客——总有一别

释义 比喻总有离开的时候。

千里遇知音——喜相逢

释义 为彼此能够遇见而感到高兴。

千年的狐狸精——古怪

释义 指出乎意料，难以理解。

千年胡椒万年姜——越老越辣

释义 形容人办事稳重老练。也比喻事物在某方面发展成熟，比较完善。

牵牛花讨好——顺杆爬

释义 顺着杆往上爬。比喻迎合某人的意思，以期获取名誉和地位。

牵着羊进照相馆——出洋(羊)相

释义 指在人前出丑，闹笑话。

牵着张三(狼的俗称)回家——引狼入室

释义 引：招引。把狼引到家里来。比喻把坏人或敌人招引到内部来，给自己带来了不可想象的麻烦。

前怕狼后怕虎——进退两难

释义 比喻顾虑太多，前进不是，后退也不是。也形容处境困难。

钱塘江涨潮——大起大落

释义 指潮水大幅度地起与落。也形容变化大。

潜水艇下水——深入浅出

释义 指文章或言论内容深刻，使用的语言却浅显易懂。

强盗救火——趁火打劫

释义 趁人家失火的时候去抢东西。比喻乘人之危谋取私利。

强盗杀死赵公元帅(财神)——谋财害命

释义 为了劫夺财物，害人性命。

墙上的蜘蛛网，草原上的脚印——蛛丝马迹

释义 马：指昆虫中的“灶马”。比喻事情所留下的隐约可寻的痕迹和线索。

墙上一棵草——两边倒

释义 比喻没主见、顺风倒的人。

墙上种黄连——埋头苦干

释义 指一心一意地刻苦工作。

敲山震虎——瞎咋呼

释义 指故意示警，使人震动。也比喻间接警告对方，让其不敢发威。

荞麦皮榨油——无中生有(油)

释义 原是道教用语，指万物生于无。现指把没有的说成有。比喻毫无事实，凭空捏造。

桥孔里插扁担——担不起

释义 比喻负不起责任或不敢当。

秦桧杀岳飞——罪名莫须有

释义 形容无中生有，罗织罪名。

秦始皇收兵器——高枕无忧

释义 垫高了枕头睡觉，安卧闲适而无忧虑。比喻消除战乱、实现统一后，思想麻痹，丧失警惕。

青芭蕉——有棱有角

释义 比喻为人方正。也形容面色严肃或不苟言笑。

青龙白虎下界——凶神恶煞(杀)

释义 原指凶恶的神。后用来形容非常凶恶的人。

青皮橄榄——先苦后甜

释义 指先经历苦难，然后过上幸福的日子。

青石板上撒石灰——一清(青)二白

释义 比喻十分清白。也比喻非常清楚。

青石板上甩乌龟——硬碰硬

释义 指过硬，经得起考验。

青蛙爬到鞭梢上——经不起摔打

释义 比喻经受不了生活的各种磨难。

倾巢的黄蜂——一哄(轰)而散

释义 形容聚在一起的人一下子吵吵嚷嚷地散开了。

请木匠补锅——用人不当

释义 指对人的使用安排很不恰当，用错了人。

蚯蚓过溪——无以为力

释义 指用不上力量，帮不上忙。

蚯蚓找妈妈——走弯路

释义 比喻因不得法而多费了力气和工夫。

蚯蚓走路——能屈(曲)能伸

释义　指能适应各种境遇,在失意时能忍耐,在得志时能施展才干。

娶媳妇请吹鼓手——大吹大擂

释义　吹:吹喇叭。擂:打鼓。指器乐齐奏。也比喻大肆宣扬,过分地夸张或吹嘘。

娶媳妇死老娘——哭笑不得

释义　哭也不是,笑也不是。形容处境尴尬。

拳头舂海椒(辣椒)——辣手

释义　指情况复杂困难,难以解决。

犬守夜,鸡司晨——各尽其责

释义　各自发挥自己的才能。

缺口碗盛米汤——放任自流

释义　放任:听其自然,不加过问。指任凭事态自然地发展,不加过问或干涉。

试一试

1. 他整天唉声叹气,人们都说他是气球上扎窟窿——__________了。

2. 同事们都说小王的嘴是汽车的后轮——＿＿＿＿＿＿＿＿，说话经常得罪人。

参考答案　1. 泄气　2. 不会拐弯

歇后语故事

骑老牛追快马——望尘莫及

“望尘莫及”出自《庄子·田子方》：“夫子奔逸绝尘，而回瞠若乎后矣。”指只望见前面骑马的人跑过扬起的尘土而不能赶上。比喻远远落后。常用作谦辞。

染坊的常客——好色之徒

释义　指作风不正、贪恋女色的人。

染坊里吹笛子——有声有色

释义　形容说话或表演精彩生动。

染匠下河——大摆布

释义　指安排、布置。也指为某一特定目的把对方当作某类人对待使用。

热锅里的鸭子——窝脖

释义　就是缩头。比喻往回逃跑。也形容受气、遭欺凌的一种状态，抬不起头来。

热炕头上的夫妻——难舍难分

释义　舍：舍弃，放下。形容双方感情很好，不忍分离。

人多主意强——集思广益

释义　集中群众的智慧，广泛吸收有益的意见，可以取得更好的效果。

如来佛捉孙大圣——易如反掌

释义 反：翻转。比喻事情非常容易办成，不费一点儿力气。

如来佛的手心——谁也甭想逃出去

释义 形容人的本事再大，也有能压制住他的东西。

软面包一块——随人捏

释义 比喻任凭别人欺辱，没有反抗的能力。

软枣(黑枣)树上结柿子——小事(柿)一宗

释义 形容事情非常容易处理。

试一试

1. 小朋友讲起童话故事，表情生动，好比染坊里吹笛子——____________________。

2. 张医生技术娴熟，做手术如同如来佛捉孙大圣——____________________。

参考答案 1.有声有色 2.易如反掌

歇后语故事

人多主意强——集思广益

“集思广益”最早出自诸葛亮《教与军师长史参军掾属》。三国时期，诸葛亮辅佐后主刘禅，事必躬亲，任劳任怨。当时，丞相府里一个名叫杨颙的主簿就劝他，不需要任何事情都亲自过问处理，应节省时间和精力着重抓国家军政大事。诸葛亮对杨颙的劝告和关心非常感激，于是写下了《教与军师长史参军掾属》这篇文告，以鼓励大家都来参与议论国家大事。这告诉我们一个道理：在做出判断前，应多采纳和听取他人的意见，这样会有意想不到的收获。

腮帮贴膏药——不留脸面

释义　指没有顾及对方的面子和感受，让其处于尴尬的境地。

骚狐狸见不得关二爷——邪不压正

释义　指不正当的、不正派的压不倒正当的、正派的事物。

沙地上推小车——一步一个脚印

释义　比喻做事踏实。

沙和尚挑行李——义不容辞

释义　指道义上不容许推辞。常用于形容为了正义事业，敢于挺身而出，不推辞。

沙漠里撵小偷——跟踪追击

释义　指紧紧跟随在后面。

沙滩上寻针——难极了

释义　比喻无从寻觅，极难找到。

沙子里淘金——积少成多

释义　一点一滴地积累起来，就会由少变多。多用于知识、学问、财富等方面。

傻大姐唱歌——太离谱

释义　形容事物的发展脱离了规律，不着调、不和谐。也比喻一个人在说话、办事等方面不遵循惯例和规则。

傻小子不识打更——敲竹杠

释义　利用他人的弱点或找借口来索取财物或抬高价格。

筛子当水桶——漏洞百出

释义　漏洞：破绽，不周密的地方。形容说话、写文章或办事不周到，破绽很多。

山沟里的田鸡——目光短浅

释义　指缺乏远见卓识，只顾眼前利益。

山涧发洪水——势不可当

释义　势：气势。形容来势凶猛，不能抵挡。

山坡上烤火——就地取材(柴)

释义　在本地寻找需要的材料。比喻不依靠外力，充分发挥本身的潜力。

山头上搭戏台——高高在上

释义　指所处位置极高。现多形容领导者不深入实际，脱离群众。

山头上对歌——一唱一和

释义　和：应和，附和。指一个人先唱，另一个人随声应和。原形容两人感情相通。现也比喻二人互相配合，互相呼应。

山西老乡——爱吃醋

释义　比喻产生嫉妒情绪。多指男女关系方面。

山鹰的眼睛——尖锐

释义　比喻敏锐而深刻。

扇着扇子聊天——说风凉话

释义　指打消别人积极性的嘲讽话，以及不负责任的冷言冷语。

伤了皮毛——无伤大体

释义　比喻对于事物的主要方面没有什么妨害。

上了羁绊的骡子——踢打不开

释义　比喻应付不了。

上树逮麻雀——连窝端

释义　比喻完全除灭或挪走。

上天的气球——飘飘然

释义　形容骄傲自大，得意忘形。

上午栽树，下午乘凉——急不可待

释义 急得不能等待。形容心情急切或形势紧迫。

上眼皮长瘤子——碍眼

释义 看着不舒服、不顺眼或者妨碍别人，使人感到不方便。

烧红了的生铁——越打越硬

释义 比喻非常坚强。

烧火棍子——一头热

释义 比喻一件事情只有一方愿意，另一方不同意。

烧香赶和尚——喧宾夺主

释义 喧：大声吵嚷。宾：客人。夺：压倒。客人的声音压倒了主人的声音。比喻外来的或次要的事物占据了原有的或主要事物的位置。

烧香遇到活菩萨——求之不得

释义 原指急切企求但不能得到。后形容迫切希望得到的心情。

烧窑的卖瓦的——都是一路货

释义 本指同一类货物。现多指一类人或同类人。含贬义。

少林寺的和尚——名扬四海

释义 名声传扬到天下。形容名气很大。

佘太君百岁挂帅——朝中无人了

释义　指因缺乏合适的人才，而不得不由年长者或资历深厚者亲自出马，处理紧急或困难的事务。

射出的箭，泼出的水——难收回

释义　倒在地上的水难以收回。比喻事已成定局，难以挽回。

深山里打猎，大海里捕鱼——靠山吃山，靠水吃水

释义　指根据自己现有的条件，因地制宜。

升不离斗，秤不离砣，筛子不离筐和箩——各有各的搭档

释义　比喻事物之间有着紧密的搭配关系，就像这些日常工具一样，各有各的搭档，共同发挥作用。

生姜脱不了辣气——本性难移

释义　移：改变。多指长期形成的很难改变的坏习惯。

生米煮成了熟饭——改不过来

释义　比喻事情已经做成了，不能再改变。

失火踢倒油罐子——火上浇油

释义　往火上倒油。比喻使人更加愤怒或使情况更加严重。

狮子配老虎——十全十美

释义　形容十分完美，没有缺陷。

十八口子乱当家——各自为政

释义 为政：泛指行事。各人按照自己的主张办事。形容不顾全局，互相不配合。

十八岁当博士——少年老成

释义 老成：经历多，做事稳重。指人年纪虽轻，却很老练。现在也指年轻人缺乏朝气。

十冬腊月出房门——动(冻)手动(冻)脚

释义 指打人或挑逗调戏异性。

十二月说梦话——夜长梦多

释义 比喻时间拖久了，情况可能发生不利的变化。

十年无战事——安居乐业

释义 安定地生活，愉快地工作。形容管理者把社会治理得很好。

十五的月亮——完美无缺

释义 完善美好，没有缺点。

十五个瓦盆摔山下——七零八落

释义 落：衰败，凋零。形容散乱、稀疏或衰败的样子。

十五盘菜放两处——七荤八素

释义　原指传统的十五道菜肴。后常常形容头脑昏乱。

石板上烙馍——面生

释义　指面貌生疏的意思。

石灰遭毒打——平白无故

释义　无缘无故。多指在风平浪静之时突然毫无道理地出现令人惊讶的事情。

石头蛋子生病——不可救药

释义　药：用药治疗。病重得没法医治。比喻人或事物已败坏到无法挽救的地步。

石头人开口——说实(石)话

释义　指说真话，老实相告。

石头压咸菜——一言(盐)难尽(进)

释义　形容事情曲折复杂，不是一句话能说清楚的。

石头子孵小鸡——一成不变

释义　指一经形成，不再改变。也泛指墨守成规，不知变通。

拾柴打兔子——一举两得

释义　指做一件事情得到两方面的好处。

拾钱不认街坊——见利忘义

释义　见到有利可图，就忘了道义。

拾芝麻凑斗——积少成多

释义　指点点滴滴地积累，就能由少变多。

屎壳郎传宗接代——遗臭万年

释义　遗臭：指死后留下坏名声。指死后恶名一直流传，永远被人唾骂。

屎壳郎掉进阴沟里——随波逐流

释义　随着波浪起伏，顺着流水漂荡。比喻办事没有原则或主见，只是随大流跟着别人走。

屎壳郎放屁——不值一文(闻)

释义　形容毫无价值或地位极其低下。

屎壳郎推蛋蛋——滚的滚，爬的爬

释义　形容害怕得慌乱逃走的样子。

屎壳郎钻炭堆——不显眼

释义　指不突出、不显著或不引人注目。形容看上去似乎不重要。

屎盆往脑袋上扣——栽赃(脏)

释义　把赃物或违禁物等偷偷放在别人处，然后诬告其犯法。

手帕包牛脑袋——露头角

释义 头角；指人的气概与才华。比喻人显露了才能。

手心里的玻璃球——掌上明珠

释义 原比喻极钟爱的人。后多用来专指父母特别疼爱的女儿。

手长六指头——节外生枝

释义 在本不应该长枝的地方生枝，比喻在原有问题之外又产生了新问题。多指故意设置障碍，使问题不能顺利解决。

手掌上的纹路——明摆着

释义 没有不清楚或怀疑的地方。比喻情况显而易见。

寿星老儿骑仙鹤——无路可走

释义 寿星老儿骑着仙鹤，在空中飞行，没有陆地可以走。比喻没有活路，走投无路。

寿星娶小——人老心不老

释义 比喻有志向的人虽然年老，却仍有雄心壮志。

瘦子光膀子——露骨

释义 比喻用意十分明显，毫无掩饰。

输了的象棋——定局了

释义 确定的不可改变的局面或形势。

属济公的——疯疯癫癫

释义 精神失常的样子。形容人言语、行动轻狂或超出常态。

属吕布的——有勇无谋

释义 只有勇气，没有计谋。形容人打仗做事只会蛮干，缺乏计划，不讲策略。

属螃蟹的——横行霸(八)道

释义 不讲道理，欺压他人，为非作歹。

属猪八戒的——好吃懒做

释义 指贪于吃喝，懒于做事。

数冬瓜道茄子——唠唠叨叨

释义 喋喋不休地谈话。形容说话啰唆。

树林里放风筝——勾勾搭搭

释义 指相互串通干坏事。

树枝做拐杖——光出岔子

释义 指出现意外讹错或变故。

耍把戏的猴子——任人牵着走

释义 比喻受人支配，盲目地听命于人。

摔跤捡金条——喜出望外

释义 指遇到出乎意料的喜事而特别高兴。

甩手掌柜——么事不管

释义 指那些光指挥别人，自己不干实事的人。

双胞胎比长相——一模一样

释义 指样子完全相同。

霜打的麻叶——垂头丧气

释义 形容因失败或不顺利而情绪低落、萎靡不振的样子。

霜打的茄子——软不拉耷

释义 比喻精神不振，无精打采。

水到屋顶帆到瓦——水涨船高

释义 水位上涨，船身也随着升高。比喻事物随着它凭借的基础的增高而增高。

水鬼找城隍——恶人先告状

释义 指坏人或理亏的人抢先诉说或歪曲事实。

水壶里盛汤圆——肚里有货倒不出

释义 比喻一个人心里清楚明白，但不知道该怎么表达出来。

水里的鸳鸯——难舍难分

释义 形容感情很好，不愿分离。

水瓢上记账——一概抹销

释义 把账一笔抹掉。常用来比喻把一切完全取消或再也不提往事。

水獭上山——装熊

释义 指装作怯懦的样子。

水桶缺了把——不成体统(提桶)

释义 指言行没有规矩，不成样子。

顺水推舟，顺风扯篷——见机行事

释义 机：时机。行：做。看情况办事。指根据情况灵活处理。

说书的落泪——替古人担忧

释义 为古人所遇到的困难和危险担忧发愁。比喻不必要的担心和忧愁。

司马遇文君——一见钟情

释义 钟情：爱情专注。指男生或女生一见面就对对方产生了感情，互相喜欢。

丝线麻线混一团——难缠

释义 指人难以对付，不易打交道。

四大金刚讨饭——穷凶极恶

释义 形容极端残暴凶恶，蛮横无理。

四大天王丢盔弃甲——大败而逃

释义 指吃了败仗慌张逃跑。

四方萝卜——愣头青

释义 指做事情不动脑子，盲目行事的人。

四个鼻孔烂了仨——一个鼻孔出气

释义 比喻立场、观点、主张和别人完全一致。多用于贬义。

四肢抽筋——缩手缩脚

释义 形容做事胆小，顾虑多，不敢放手做事。

松树林挂灯笼——万绿丛中一点红

释义 比喻在众多事物中突出的最精彩的一点，足以引起人们的注意。

宋江的绰号——及时雨

释义 比喻在关键时刻能给予别人帮助。

孙猴子上了花果山——称王称霸

释义 比喻专横跋扈，独断专行。也比喻以首领自居。

孙猴子钻进铁扇公主肚子里——心腹之患

释义 心腹：要害。患：祸患。比喻藏在内部或要害处的祸患。也泛指最大的隐患。

孙权嫁妹妹——赔了夫人又折兵

释义 折：损失。比喻想占便宜，反而遭受双重损失。

孙悟空保唐僧——忠心耿耿

释义 耿耿：忠诚的样子。形容非常忠诚。

孙悟空三打白骨精——降妖拿怪

释义 比喻以强大的力量战胜凶恶的敌人。

梭子出毛病——停职（织）检查

释义 指暂时解除职务，进行检查。

试一试

1. 他训斥起人来，常常是腮帮贴膏药——____________。
2. 李明这次期末考试没发挥好，成绩不太理想，一整天都是霜打的麻叶——____________。

参考答案 1. 不留情面 2. 垂头丧气

歇后语故事

失火踢倒油罐子——火上浇油

“火上浇油”出自元·关汉卿《金线池》第二折：“我见了他扑邓邓火上浇油。”意思是往火上倒油。比喻使人更加愤怒或使情况更加严重。

T

他念他的经，我拜我的佛——互不干扰

释义　指各自过各自的生活，彼此不再见面。

塌了窝的蚂蚁——阵脚大乱

释义　敌人还没有打过来，自己就先起了内讧。

台上握手，台下踢脚——翻脸不认人

释义　指口是心非、善于伪装的人。

抬头只见帽檐，低头只见鞋尖——目光短浅

释义　指眼光不远，见识不深。

太阳和月亮讲话——空谈

释义　指不符合实际情况的言谈。

太阳落在脑袋上——大难临头

释义　指大祸落到头上。

昙花开放——一时谢

释义　指很快就消失的事物。也比喻好景不长。

唐伯虎进宁王府——装疯卖傻

释义 指故意疯疯癫癫。

唐三藏读佛经——出口成章

释义 章：文章。话一出口就能成为文章。形容口才好或才思敏捷。

唐僧的龙马——腾云驾雾

释义 神话中描写神仙、妖魔或得道的人乘着云雾在空中飞行。

唐僧念佛——一本正(真)经

释义 原指一部合乎道德规范的经典。后用以形容态度规矩庄重，认真负责。有时含讽刺意味。

唐僧取经——千辛万苦

释义 指各种艰难困苦。

躺在怀里的猫儿——俯首帖耳

释义 形容恭顺服从、卑微驯服的样子。

陶瓷烧窑——里面燃烧

释义 比喻内心深处有股热劲儿。

套马杆子逮兔子——瞎胡闹

释义 没有来由地乱闹。

剔了肉的猪蹄儿——贱骨头

释义　指不知自重或不知好歹的人。

提马灯下矿井——步步深入

释义　一步一步地进入事物的内部。

提着扁担串门子——直来直去

释义　指说话、做事不绕弯子。

剃头挑子——一头热

释义　剃头挑子：旧时理发师傅流动做生意时用的担子，一头放理发工具，另一头放用来烧水的小火炉。多形容在婚嫁或议事中，一方热情，而另一方很冷淡。

剃头匠发火——置之不理

释义　放在一边，不予理睬。形容对某人某事十分冷淡。

天黑敬菩萨——心到神知

释义　诚心敬神不必多行烦琐之礼。比喻对人尊敬，重在心意，不必当面表示或在口头上说出。

天井院里的瞎子——处处碰壁

释义　比喻到处受阻碍或遭拒绝。也指事情行不通或目的达不到。

天平上称体重——把人看轻了

释义　比喻小看人，瞧不起人。

天然牛黄——宝贝疙瘩

释义　比喻极受宠爱的孩子。有时也指极受宠爱的人。

天上的星星——数不清

释义　比喻对情况的了解或对问题的认识不够清楚。

田埂上修茅厕——肥水不流外人田

释义　指好处不能让给外人。

田螺爬到旗杆上——唯我独尊

释义　认为只有自己最了不起。形容极端自高自大。

挑水的逃荒——背井离乡

释义　井：指家乡。指被迫远离家乡到外地谋生。

挑着磨盘背着碾——负担太重

释义　指物质上、精神上所承受的压力和担当的责任特别大。

跳网的鱼儿又吞钩——躲了一火又一火(祸不单行)

释义　指不幸的事往往接二连三地来。

跳蚤充龙种——冒牌货

释义 指伪造或假造的某些东西。

跳蚤放屁——小气

释义 形容为人很吝啬，胸襟不宽广。

铁板上钉钉子——有板有眼

释义 指说话、做事很有条理。也指唱歌有节奏。

铁锤打到橡皮上——一声不响

释义 指不发出一点儿声音。

铁锤打纸鼓——不堪一击

释义 形容力量薄弱，经不起打击。也形容论点不严密，经不起反驳。

铁锤敲钟——响当当

释义 形容敲击的声音响亮。也比喻人耿直、磊落或名声很大。

铁打的耕牛——动不得力(犁)

释义 比喻不能用力。有时表示气力不足，也表示无能为力或有力使不出。

铁打的锁链——一环套一环

释义 比喻若干事物之间密切相关。也形容运作步骤安排得紧凑而有序。

铁饭碗——打不破

释义 铁做的饭碗，是打不破的。比喻所从事的工作没有失去的危险。

铁拐李摆摊——蹩脚货

释义 指东西质量差或人的能力差。

铁拐李的脚杆子——高低不平

释义 比喻程度不一样。

铁拐李落难卖跌打药——总会碰到识货人

释义 指善于发现、推荐、培养和使用人才的人。

铁拐李走独木桥——够呛

释义 比喻受不了、忙不过来或担当不起，难以实现某件事。

铁锅里的螺蛳——水深火热

释义 比喻生活处境极端艰难痛苦，如同处在深水热火之中。

铁匠拆炉了——散伙(火)

释义 古代行军打仗，十二个士兵为一灶，就是大家烧一个灶台做饭。指原来结合在一起的人最终解体分散。

铁匠改行学绣花——拈轻怕重

释义 拈：用手指拿东西。指工作时挑拣容易的工作干，怕挑重担。

铁匠铺卖豆腐——软硬兼施

释义 兼施：同时施展。软的和硬的手段一齐使用。

铁匠师傅的手艺——叮叮当当

释义 叮叮当当：象声词，形容清凉的声音。形容性格刚强。

铁匠绣花——改行

释义 指放弃原来的行业从事新的行业。

铁壳里放鸡蛋——万无一失

释义 失：失误，差错。形容非常有把握，绝不会出差错。

铁笼子里的老虎——威风扫地

释义 比喻完全丧失了威严和信誉。

铁皮葫芦——外强中干

释义 中：实质。干：枯竭，空虚。比喻表面强大，内在空虚。

铁树开花，哑巴说话——难遇

释义 比喻事情非常罕见或极难实现。

厅堂里的老古董——摆设

释义 指陈设或陈设之物。也比喻空有形式而不起实际作用的东西。

听见猫叫身子抖——胆小如鼠

释义 形容胆子小，怕事情落在自己头上，怕惹麻烦。

同床异梦——有二心

释义 比喻虽然共同生活或者共同从事某项活动，但是各人都有自己的打算。

铜钱眼里打秋千——小人

释义 指人格卑下的人。

童养媳伺候公婆——小心在意

释义 指做事十分认真谨慎。

捅开的锈锁——开窍了

释义 指顿时醒悟，明白过来。

偷吃的猫儿——记吃不记打

释义 比喻为人不接受教训，只记得好处而忘了受罪的时候。

偷鸡打店主——错再错

释义 指做一件事情的时候犯了错，下次遇到类似的事情还犯同样的错误。也比喻一个人执迷不悟，不听他人劝告，一意孤行地做某件事情。

头顶上长眼睛——目空一切

释义 什么都不放在眼里。形容极端骄傲自大。

头发丝吊大钟——千钧一发

释义 钧：古代重量单位，一钧合三十斤。千钧的重量系在一根头发上。形容情况极其危急。

头上安电风扇——大出风头

释义 指故意表现自己，显示自己比别人行，引起别人的注意。

头上站鸭子——顶呱呱

释义 比喻一个人的技术精湛，很厉害。

头上长犄角——比别人出格

释义 比喻言语、行动与众不同，超出一般人。

透过窗缝看落日——一线希(西)望

释义 指还有一点儿微弱的希望。

秃子打伞——无法(发)无天

释义 旧指不顾国法和天理，任意干坏事。现多形容违法乱纪，不受管束。

秃子的头皮——不毛之地

释义　不生长庄稼的荒地。形容某地荒凉、贫瘠。

秃子跟着月亮走——借光

释义　原指分享他人的利益或荣耀。现用作向人询问或请人给予方便的客套话。

屠夫说猪，农夫说谷——三句话不离本行

释义　行：行当，职业。指人的言语离不开他所从事的职业。

屠户的账本——血债累累

释义　指杀害的人很多，欠下了很多人命债。

土地奶奶跟王母娘娘比美——天地之别

释义　天与地相隔很远。比喻差别极大。

土地女儿嫁玉皇——一步登天

释义　一步跨上青天，比喻一下子就达到很高的境界或程度。有时也用来比喻人突然得志，爬上高位。

土地爷理发——鬼头鬼脑

释义　形容人狡猾阴险或言行举止躲躲闪闪，不光明正大。

土地爷坐班房(监狱)——劳(牢)神

释义　耗费精力与精神。多指请人办事的客套话。

吐口唾沫砸个坑——出口有分量

释义　形容有权势，有威望。

兔死狐悲——物伤其类

释义　见到同类死亡，联想到自己将来的下场而感到悲伤。也比喻见到情况与自己相似的人的遭遇而伤感。

兔子尾巴——长不了

释义　比喻办事没有耐心。多用来形容邪恶之人、邪恶势力不会长久。

推开窗户——说亮话

释义　比喻无须隐瞒回避，可以公开说明。

推小车扭屁股——身不由己

释义　身体不由自己做主。指行为不能由自己支配。

腿肚子搽粉——过分讲究

释义　形容特别讲究，力求完美。

腿上绑绳子——拉倒

释义　指算了，作罢。也指中止某一行动或工作。

吞了擀面杖——直肠子

释义　比喻说话直来直去的人。

托着手鼓提着竹笛——又吹又拍

释义 指吹捧，拍马屁的意思。

拖拉机加油——来劲了

释义 比喻干什么就爱什么。也指一方过分地想要挑起本应该结束的矛盾或冲突。

脱祸求财——时来运转

释义 本来处境不利，时机来了，命运也有转机，情境有了很大变化。

脱了旧鞋换新鞋——改邪(鞋)归正

释义 邪：不正当。归：回到，返回。改正错误，回到正路上来。形容不再做坏事。

试一试

1. 要多读书，扩大知识面，时间久了就能唐三藏读佛经——__________了。
2. 没有和妻子商量，他就剃头挑子——__________地把电视机买回来了。

参考答案 1. 出口成章 2. 一头热

歇后语故事

唐三藏读佛经——出口成章

“出口成章”出自《诗经·小雅·都人士》:“彼都人士,狐裘黄黄,其容不改,出言成章。”金农,字寿门,清代著名的诗画家,扬州的盐商们仰慕其名气,竞相宴请他。有一天,某盐商以古人“飞红”为题,行令赋诗。有人说:“柳絮飞来片片红。”宾客认为他在杜撰。这时金农说:“这是元人咏平山堂的佳作,他引用得很恰当。”众人请他补全。金农道:“廿四桥边廿四风,凭栏犹忆旧江东。夕阳返照桃花渡,柳絮飞来片片红。”其实这几句诗是金农自己当场想出来的,他既证明了自己的才华,也为盐商解了围。这就是出口成章,意思是话说出来就是一篇文章。形容文思敏捷,口才好。

挖耳勺刨地——小抠

释义 指小气，吝啬。

挖好肉补烂疮——犯不着

释义 指没有价值或没有意义。

挖井碰上自流泉——好得很(正合心意)

释义 比喻事情非常符合自己的想法。

娃娃当司令——小人得志

释义 比喻人格卑下的人取得权势。

娃娃放炮仗(爆竹)——又惊又喜

释义 指既惊讶又高兴。

娃娃看魔术——莫名其妙

释义 说不出其中的奥妙。表示发生的事情很奇怪，解释不出道理来。

娃娃拾花炮——沾沾自喜

释义 沾沾：自矜的样子。形容自以为很好而得意的样子。

娃娃下棋——胸无全局

释义 指没有长远规划，想起什么做什么，结果使工作互相牵制，甚至陷入困境。

瓦罐里点灯——心里亮，肚里明

释义 心里明白但不说破。形容心中有数。

瓦匠碰上鞋匠——帮不上忙

释义 指没有能力或力不能及去解决相应的问题。

歪脖子树上结歪梨——不成正果

释义 指对某件事情持续不断努力，却得不到想要的结果。

歪戴帽子斜穿袄——不成体统

释义 多表示人言行放肆，或有失庄重。

歪墙开旁门——邪(斜)门

释义 比喻邪念、坏主意。也指反常，出乎意料。

歪歪嘴跌跤——上错下错

释义 上面的人行为不正，下面的人也会跟着做坏事。

歪嘴吹灯——风气不正

释义 指不正当的社会风气。

歪嘴当兵——马上丢人

释义 指丢脸出丑，失去体面、好感或荣誉。

歪嘴和尚吃螺蛳——以歪就歪

释义 用不正当的方法来对付不正当或不正确的事情。

歪嘴讲故事——邪(斜)说

释义 指不正当的言论、主张。

外婆待外甥——诚心实意

释义 形容十分真挚诚恳。

外甥打舅——公事公办

释义 指公事按公家的原则来办，不讲私人情面。

外乡人过河——心里没底(不知深浅)

释义 指不知道内情或不能预测而没有把握。

玩把式的绝技——耍花招

释义 指玩弄技巧，施展小聪明或诡诈的手段。

玩猴的耍狐狸——不害臊

释义 形容人脸皮厚，没有羞耻之心。

玩舞狮戴道具——改头换面

释义 原指人的容貌发生了改变。现多比喻只改变外表和形式，内容实质不变。

宛平县的知县——管得宽

释义 形容人好管闲事，喜欢指手画脚。

晚上干活——披星戴月

释义 身披星光，头顶月色。形容连夜奔波或早出晚归，十分辛苦。

碗碴子(小碎块)剃头——难受

释义 指身体感觉不佳。也比喻心里不舒服。

碗底的豆子——历历(粒粒)在目

释义 历历：清楚分明。在目：出现或重现在眼前。指远方的景物看得清清楚楚，或过去的事情仿佛清清楚楚地重现在眼前。

万岁爷掉在井里——不敢劳(捞)你的大驾

释义 指不好意思劳烦他人帮忙。

王八吃秤砣——铁了心

释义 形容一个人已经下定了决心，要做某一件事或不改变某个决定。

王八的脖子——能伸能缩

释义 指能够伸缩自如。

王八肚子上插鸡毛——归(龟)心似箭

释义 想回家的心情像射出的箭一样急。形容回家的心情十分急切。

王八看绿豆——对上眼了

释义 比喻双方心领神会、意气相投或彼此看中了对方。

王八笑乌龟——彼此彼此

释义 指两者差不多,没有什么区别。

王八遭棍打——缩头缩脑

释义 形容畏缩不前或胆小不敢出头。

王宝钏等薛平贵——忠贞不渝

释义 形容对感情忠诚而坚定不移。

王二麻子当军师——点子多

释义 指计谋和主意特别多。

王府的管家——欺上瞒下

释义 对上欺骗,博取信任;对下隐瞒,掩盖真相。

王恺斗石崇——甘拜下风

释义　古代出令的人站在上风的位置，听令的人站在下风的位置。指真心佩服别人，承认自己不如别人。也比喻处于劣势地位。

王麻子的剪刀——名不虚传(货真价实)

释义　流传开来的名声不是虚假的。形容实实在在，一点儿也不假。

王母娘娘得子——天下喜事

释义　指值得庆贺且使人高兴的事。

王母娘娘开蟠桃会——聚精会神

释义　形容专心致志，注意力高度集中的样子。

王婆卖瓜——自卖自夸

释义　自己卖的东西自己夸好，比喻为自己吹嘘。

王熙凤的为人——两面三刀

释义　比喻阴险狡猾，当面一套，背后一套，甚至在暗地里使手段害人。

王瞎子看告示——装模作样

释义　指故意装样子作姿态。

王小二开饭店——看人下菜

释义 比喻不能一视同仁，待人因人而异，根据不同的人给予不同的待遇。

王小二敲锣——穷得叮当响

释义 身边无钱，家无值钱东西，除锅铲叮当作响外，别无他物。

王佐断臂——苦肉计

释义 指故意毁伤自己的身体以骗取对方信任，从而进行反间的计谋。

网兜打水——一场空

释义 指白费力气，没有效果，劳而无功。也比喻用的方法不合适。

望江亭上度中秋——近水楼台先得月

释义 水边的楼台先见到月亮。比喻由于接近某些人或事物而抢先得到某种利益或便利。

望乡台上抢元宝——贪心鬼

释义 指贪求的欲望大，不知满足。

望远镜看风景——近在眼前

释义 形容要寻找的人或物就在面前。

桅杆上响喇叭——高调

释义 比喻说话不着边际、脱离实际，吹牛皮。

维吾尔族的姑娘——辫子多

释义 指维吾尔族姑娘头发很长而且很多。

为打耗子伤玉瓶——因小失大

释义 因贪图小利益而失去大利益。

为人作嫁——徒劳无功

释义 指白白付出劳动而没有成效。

未婚妻做了望门寡——冤枉

释义 指没有事实根据，无故受到指责或处分。

温汤里煮鳖——不死不活

释义 形容没有生气或处境尴尬。

文盲贴对子(对联)——不分上下

释义 指不管上级和下级或分不出高低胜负。

蚊子叮观音——看错了人

释义 比喻没有识别人或事物的能力。

蚊子叮菩萨——不识相

释义 比喻不知趣，不会看场合。

蚊子飞到电灯上——弃暗投明

释义 离弃黑暗的旧势力，投向光明的新力量。比喻在政治上脱离反动阵营，投向进步队伍。

蚊子咬秤砣——好硬的嘴

释义 指说话强横，自知理亏但口头上不肯认错或服输。

蚊子找蜘蛛——自投罗网

释义 比喻自己主动钻入对方布下的陷阱。也指自取灭亡，自作自受。

瓮中的王八——跑不了

释义 比喻已在掌握之中，逃不了。

蜗牛走路——慢腾腾

释义 形容缓慢的状态。

乌龟拜年——规规矩矩(鞠鞠)

释义 指人的品行端正，谨守礼法，有素质。

乌龟掉缸里——跌跌爬爬

释义 指连跌带爬，步态不稳的样子。

乌龟翻跟头——窝脖

释义　是对旧社会京城马路上常见的窝着脖子，背着东西健步疾走的人的一种行业称呼。这些人所背的东西多是别人搬家时的家具和嫁女儿时的嫁妆。现比喻往回逃跑。

乌龟碰壁——得缩头时且缩头

释义　形容必要时采取低姿态，适时退避。

乌龟找甲鱼——一路货色

释义　比喻彼此一样。

乌鸦落房头——开口是祸

释义　指说话不谨慎容易惹出祸事来。

巫婆打把式——装神弄鬼

释义　比喻玩弄手段蒙骗人。

屋檐下躲雨——暂避一时

释义　比喻暂时躲过重大变故中矛盾冲突最激烈的时候。

无风下双锚——稳稳当当

释义　指十分平稳，牢靠妥当的样子。

无米之炊——难做

释义　再聪明能干的妇女，没米也做不出饭来。比喻再有能力的人，做事时如果缺少必要的条件，也很难成功。

无牛狗拉车——将就凑合

释义　比喻对事物或环境不太满意，勉强迁就。

无头的苍蝇——瞎撞

释义　形容做事没什么头绪，盲目乱窜。

无弦的琵琶——一丝不挂

释义　形容不穿衣服。也比喻不被世俗牵累。

蜈蚣吃蝎子——以毒攻毒

释义　比喻用不良事物本身的特点、弊病反对不良事物，或利用一种坏东西抵制另一种坏东西。也就是用对方的厉害方法来压制对方。

五百罗汉斗观音——兴师动众

释义　指调动兵马或动用很多人力做某件事情。

五月的麦子——黄了

释义　地方方言，指失败、未成功。也指一般农作物成熟的样子。

午后见阳光——每况愈下

释义　指情况越来越坏。

忤逆子讲《孝经》——假仁假义

释义 指虚假的仁义道德，伪装的仁慈善良。

武大郎肚子痛——死到临头

释义 指快要到了死亡的时刻。

武大郎跳舞——抱粗腿

释义 指奉承巴结，依靠有势力、有地位的人。

捂着耳朵偷铃铛——自己骗自己

释义 形容自欺欺人，明明遮不住的事情偏要想法子去掩盖。

舞台上的道具——任人摆布

释义 指听凭别人操纵处置，任由别人指挥。

雾天看远山——朦朦胧胧

释义 指人的意识不清醒或事物界限不清。

试一试

1. 逛街时，他偶遇几年未见的老友，真是娃娃放炮仗——__________________。

2. 他这是王八吃秤砣——________________，大家就别再拦他了。

参考答案 1. 又惊又喜 2. 铁了心

歇后语故事

王恺斗石崇——甘拜下风

夷吾在晋国内乱时请求秦国帮助，许诺秦国帮他当上晋国国君，便割让五座城池给秦穆公，秦国帮助夷吾当上晋国国君，即晋国公，但他却迟迟不提割让城池的事。有一年，晋国发生饥荒，作为邻国的秦国大力相助。但当秦国发生饥荒时，晋惠公却趁火打劫，出兵攻打秦国。秦穆公顿时大怒，马上派兵进行防守。秦国虽然内有饥荒，外有战乱，但毕竟国力强盛，渐渐转守为攻，最终大败晋国，俘虏了晋惠公。但秦穆公表示，俘虏晋惠公，只为惩罚他当年的忘恩负义及现在的以怨报德、落井下石，其他人都可以释放。晋国的大臣们马上下拜，承认自己不如秦国人大公无私。这就是“甘拜下风”的由来。“甘拜下风”，指真心佩服别人，承认自己不如别人。也比喻处于劣势地位。

X

西瓜落地——滚瓜烂熟

释义 形容读书或背书流利纯熟，记得非常牢固。

西瓜皮揩屁股——塌糊涂

释义 形容混乱或败坏到了不可收拾的程度。

西门庆请武大郎——没安好心

释义 指伪装善良，实则包藏祸心。

西施掉了门牙——美中不足

释义 指事物大体很好，但仍有不足的地方。

西天取经——任重道远

释义 比喻责任重大而艰巨，需要经过长期的艰苦奋斗。

稀泥巴掺水——不可收拾

释义 指事物败坏到了无法整顿或不可救药的地步。

膝盖头套袜子——不对路数

释义 比喻方法、手段不对。

席包泥巴做被盖——卷土重来

释义 卷土：人和马奔跑卷起的灰土。形容失败或遭到挫折后重新组织力量反击。

洗菜的洗菜，剥葱的剥葱——各管一工

释义 依事件性质，将一件事情分给多人去做。

洗脚水倒在秧田里——物尽其用

释义 各种东西凡有可用之处，都要尽量利用。指充分利用资源，一点儿都不浪费。

洗脸盆里游泳——水平太低

释义 比喻学习、工作的能力太差。

喜鹊落满树，乌鸦漫天飞——吉凶未卜

释义 卜：预料，预测。指无法预测事情的发展是福是祸，是成功还是失败。多指前途不太乐观。

戏台上拜天地——快活一时

释义 指只能快活很短的时间。

戏台上的夫妻——有名无实

释义 指空有虚名而无实际的内容。

戏台上的花旦——引人注目

释义 形容人或事物极具特色，引起人们的注意。

戏台上的拦头——叫干啥就干啥

释义 拦头：承管税务等事的役吏。指绝对服从，不敢违抗。

戏台上的媒婆——妖里妖气

释义 形容女人装束奇特，举止轻狂而不正派。

戏台上的小生——能文能武

释义 文武双全。现常指既能动笔又有实际工作能力。

戏台上送诏书——假传圣旨

释义 比喻假借上峰的命令去达到自己的目的。

戏台下掉泪——替古人担忧

释义 为古人所遇到的困难、危险担忧、发愁。也比喻不必要的担心和忧愁。

戏台子下读《四书》——闹中取静

释义 指在热闹的环境中保持清静的心态。

戏院里挂钟——群众观点

释义 比喻大家的看法。

戏子戴面具——面目全非

释义　指面孔变得完全不是原来的样子。也形容事物变化很大。

戏子没卸妆——油头粉面

释义　形容外表打扮得轻浮妖艳。

虾子掉在大麦上——忙(芒)上加忙(芒)

释义　指人特别繁忙。

瞎驴推磨盘——团团转

释义　指不停地旋转。常用来形容忙碌、焦急的样子。

瞎猫碰着死耗子——难得

释义　形容赶得巧，正好遇上。

瞎子拜见岳父——有眼不识泰山

释义　虽然有眼睛，却不认识泰山。比喻见闻太窄，认不出地位高或本领大的人。

瞎子背拐子(腿脚瘸的人)——取长补短

释义　学习他人的长处来弥补自己的短处。

瞎子背瘸子——谁也离不开谁(各取所长)

释义　谁也无法离开对方。形容关系密切，彼此依赖。

瞎子奔南墙——不碰不回头

释义 比喻某人行为固执，听不进去不同意见。

瞎子打电筒——只照别人

释义 形容一种行为虽然付出了努力，却只为他人提供了便利，自己没有受益。

瞎子打瞌睡——不显眼

释义 指不出众，不明显，不显著。

瞎子付了灯油钱——明吃亏

释义 指遭受损失导致不愉快的结局或情况。

瞎子过独木桥——盲目冒险

释义 指不顾主客观条件地盲目行动和蛮干。也指承受风险，不顾危险。

瞎子进村——摸不着门

释义 指不知从何处开始做起。

瞎子进学堂——不认输(书)

释义 指不承认失败，不肯接受对手比自己强的事实。

瞎子看西洋景——枉费功(白费劲)

释义 指做事情付出了却没有收获。

瞎子理乱麻——找不着头绪

释义 形容做事情摸不着边，不知从哪里入手。

瞎子买锅——摸底

释义 指了解人或事情的根源及内情。

瞎子摸窗户——找门道

释义 指寻找做事情的门路或方法。

瞎子摸象——各说各有理

释义 比喻争执的双方，各说自己有道理。

瞎子骑驴——一条道走到黑

释义 形容为了达到某一目的，义无反顾，不回头不转弯，坚持走到底。

瞎子三天不洗脸——眼不见为净

释义 比喻对于解决不了的问题或厌烦的事情采取回避的态度。

瞎子跳舞——盲目乐观

释义 指不根据实际情况而高兴得太早。

瞎子相亲——对不上眼

释义 指看不惯，看不上。

瞎子钻进小胡同——处处碰壁

释义 比喻处处受阻碍或遭拒绝。也指事情行不通或目的达不到。

瞎子坐上席——目中无人

释义 眼睛里没有别人。比喻自高自大，瞧不起他人。

下地不穿鞋——脚踏实地

释义 脚踏在坚实的土地上。比喻做事踏实、认真。

下了地狱才后悔——来不及了

释义 因时间短促，无法顾到或赶上。指事发突然，无法抢救。

下棋走子儿——格格不入

释义 格格：相互抵触。形容彼此思想不协调，想法不相容。

下雨天泼街——假积极

释义 看上去非常积极，但实际上却没有成果，工作没有进步，问题也没有真正解决。

夏夜走棋——星罗棋布

释义 像天空中的星星似的罗列着，像棋盘上的棋子那样分布着。形容数量众多，散布的范围很广。

仙女下凡——腾云驾雾(飘飘然)

释义 指传说中利用法术乘云雾飞行。也比喻奔驰疾速。也形容头脑迷糊，感到身子轻飘飘的。

掀菩萨烧庙宇——无恶不作

释义 没有哪件坏事是不干的。形容干尽了坏事。

闲人生闲气——无事生非

释义 指本来没有问题却故意制造是非。

县长打老子——公事公办

释义 公家的事情按照公家的制度和原则办理，不讲私人情面。

线团打架——纠缠不清

释义 形容纷乱，理不出头绪。也指有意找麻烦，抓住一点不肯放手。

乡里婆婆拜千佛——磕头磕够了

释义 比喻到处求人说好话。

乡下人穿大褂——必有正事

释义 指有重要或严肃的事。

香肠做链子——锁不住

释义 比喻某种方法或措施无法达到预期的效果。

香炉上打喷嚏——碰一鼻子灰

释义 指想讨好他人却遭到拒绝或斥责，结果落个没趣。

向傻子问路——一问三不知

释义 指对某一事情的开始、发展、结果的实际情况一点儿也不知道。

橡皮擦子——有错就改

释义 指知道自己错了就立即改正。

消防龙头打不开——干着急

释义 形容白白地着急。

小案板当锅盖——随方就圆

释义 形容处事顺应形势和情况的变化。

小池塘撒网——一网打尽

释义 比喻一个不漏地全部抓住或彻底肃清。

小丑化装——粉墨登场

释义 原指演员化装上台演戏。现比喻坏人经过一番打扮，登上政治舞台。

小葱拌豆腐——一清（青）二白

释义 比喻十分清白。也形容非常清楚。

小二黑结婚——情投意合

释义 形容双方思想感情融洽，合得来。

小闺女的脾气——羞羞答答

释义 使人害羞难为情。多用于描写女性的自我感觉或情态。

小孩爬墙——高攀不上

释义 形容人与人之间的地位悬殊，不能达到同一高度。

小耗子骂大街——贼喊捉贼

释义 做贼的人喊捉贼。比喻坏人为了自己逃脱，故意制造混乱，转移目标，把别人说成是坏人。

小脚女人走路——东倒西歪

释义 形容站立时姿势不稳。也形容物体放置不正或建筑物不牢固。

小炉匠打铁——修修补补

释义 指修理破损之物使之完好。

小马驹跟车——跑跑颠颠

释义 忙碌奔走，一点儿也不闲着。形容非常忙碌。

小猫洗脸——马马虎虎

释义 形容做事草率不认真，疏忽大意。

小蜜蜂说话——甜言蜜语

释义 说的话像蜜糖一样甜。形容为了讨人喜欢或哄骗人而说的动听的话语。

小偷报警——贼喊捉贼

释义 比喻坏人为了逃脱罪责，转移目标迷惑大家，反而诬陷别人是坏人。

小偷不用化装——贼头贼脑

释义 形容举止鬼鬼祟祟。

小偷的钱包——不义之财

释义 指不应该得到的或以不正当的手段获得的钱财。

小偷进牧场——顺手牵羊

释义 顺手把人家的羊牵走。比喻趁势将敌手捉住或乘机利用别人。也形容乘机拿走别人的东西。

小娃娃扛大梁——自不量力

释义 自己不估量自己的能力。指过高地估计自己的力量。

小屋里耍扁担——处处碰壁

释义 比喻办事或求人受阻，事事不顺利。

小媳妇哭爹妈——没完没了

释义 指无穷尽，没有完结。

小巷子抬大梁——直来直去

释义 指来去途中不绕道、不停留。也指说话做事不绕弯子。

小卒拱老帅——将了军

释义 指利用对某人来说最为关键的事情来牵制或影响某人，使其处于被动难堪的境地。

蝎虎子断尾巴——脱身之计

释义 蝎虎子：壁虎。指想出计谋得以抽身，逃出险境或摆脱一切。

蝎虎子作揖——露两手

释义 指显示自己的能力或手艺。

蝎子的尾巴后娘的心——毒极了

释义 形容心肠狠毒。

蝎子蜇蝎子——自家人不识自家人

释义 比喻本是自己人，因不相识而发生误会、冲突或争端。

斜阳照身影——自看自高

释义 指自己把自己看得很高。

鞋里头跑马——没多大奔头

释义 指没有什么前途和希望。

卸磨杀驴——忘恩负义

释义 磨完东西后，把拉磨的驴卸下来杀掉。指忘记别人对自己的恩情，做出对不起恩人的事情。

心口挂灯笼——心照不宣

释义 指彼此心里明白，却不公开说出来。也指互相明白或共同认可一件事物，做出相同的判断。

新春的横批——万事如意

释义 指祝人顺心如意的用语。

新箍的马桶——三日香

释义 比喻对新来的人或新做的事最初几天兴趣很大，但未必能持久。

新开张的杂货店——要啥有啥

释义 什么都不缺。形容物品齐全，可以满足客户的任何需求。

新郎官揭盖头——真相大白

释义 指真实的情况完全弄明白了。

新女婿请接生婆——双喜临门

释义 比喻好事成双。

新媳妇拜年——彬彬有礼

释义 形容文雅有礼貌的样子。

新媳妇过门——人生地不熟

释义 指人刚到一个陌生的地方，对周围的人、事、环境及习俗都不了解。

新媳妇推车子——好的在后头

释义 比喻后面有更值得注意或者更让人感兴趣的事情。

新栽的杨柳——光棍一条

释义 指孤身一个人。

行盗遇火灾——趁火打劫

释义 指趁人家失火时去抢劫。也比喻乘人之危，谋取私利捞一把。

行医的捎带卖棺材——死活都要钱

释义 比喻做事没有情面，病看好要收钱，医死卖棺材也要收钱，只在乎利益。

凶神扮恶鬼——又凶又恶

释义 形容凶恶狠毒的样子。

胸口安雷管——心胆俱裂

释义 俱：全。裂：破裂。心和胆都破裂了。形容在强大的打击下极其悲痛或恐惧。

胸口挂琵琶——谈(弹)心

释义 说心里话，交流思想。有时也指一般的交流。

胸口长牙齿——怀恨在心

释义 指记仇，经常怀有恶意或报复之心。

修脚带拔牙——上下兼顾

释义 形容各方面都照顾到了，但重点不突出，流于一般化。

秀才背书——出口成章

释义 说出话来就成文章。形容文思敏捷，口才好。

秀才落陷阱——埋没人才

释义 使人的才华显露不出来，不能发挥作用。

秀才遇见兵——有理说不清

释义 指文化人遇见蛮横不讲理的人，再有理也没法跟他讲。

绣花姑娘打架——针锋相对

释义 针尖对针尖。比喻双方在策略、论点及行动方式等方面尖锐对立。

绣花针当棒槌——小题大做

释义 比喻把小事当大事来办，有不恰当或不值得的意思。

绣花枕头里塞糠壳——顾面不顾里

释义 形容办事只顾表面效果，而不管实际的结果如何。

绣在地上的花——任人践踏

释义 指随意地任人欺负。

宣传车演节目——载歌载舞

释义 边唱歌边跳舞。形容气氛非常欢乐。

悬崖边止步——停滞(止)不前

释义 形容受到阻碍而不能顺利地前进或发展，停下来不动了。

选帽子挑鞋子——评头论足

释义 原指轻浮地议论妇女的容貌。今泛指对人对事说长道短，任意挑剔。

试一试

1. 这篇文章，她读了好几遍，现在已经是西瓜落地——__________了。
2. 老汉继续摇了摇头，我猜得没错，他果然是那种向傻子问路——__________的类型。

参考答案 1. 滚瓜烂熟 2. 一问三不知

歇后语故事

瞎子拜见岳父——有眼不识泰山

鲁班的手艺高超。他为了维护本门的声誉,定期会考察淘汰一些人。有个叫泰山的徒弟,来了一段时间,手艺也没有什么长进,于是鲁班将他扫地出门了。几年后,鲁班在街上闲逛,忽然发现许多做工精巧的家具,很受人们欢迎。这时有人在一旁告诉他:“这是你徒弟泰山做的。”鲁班不由感慨地说:“我真是有眼不识泰山啊!”“有眼不识泰山”比喻见闻太窄,认不出地位高或本领大的人。也用作冒犯或得罪人后向对方赔礼道歉的话。

丫鬟枕着元宝睡——守财奴

释义 指有钱而非常吝啬的人。

鸭头安在鹅颈上——不像样

释义 比喻事情一点儿也不合乎情理。

鸭子踩水——暗使劲

释义 指人暗中用力干某些事。

鸭子吃蜗牛——食而不知其味

释义 东西吃下去，却不知道它的味道。比喻读书不能理解其中的含义。也比喻不受某事物的诱惑。

鸭子上架——逼的

释义 比喻被迫去做能力达不到的事情。

鸭子回娘家——大摇大摆

释义 走路时身子摇摇摆摆。形容自以为了不起的傲慢神态。

鸭子头上插鸡毛——语(羽)双关(冠)

释义 指一个词或一句话涉及两个意思。

鸭子走路——左右摇摆

释义　指转移话题，回避难以答复的问题。

牙签子搭桥——难过

释义　指生活困难，日子不容易。也指身体不舒服或心情不愉快。

衙门里打电话——官腔官调

释义　官场中的门面话。指利用规章、手续来推脱、责备的话。

衙门前贴告示——官样文章

释义　旧时官场中有固定格式和套语的例行公文。后用以比喻光注意形式，但没有实际内容的空话，或照例敷衍的陈词滥调。

哑巴吃仙桃——妙不可言

释义　形容好得难以用文字、语言来表达。

哑巴叫冤——有口难言

释义　言：说。指有话不便说或不敢说。

哑巴说话聋子听——两不懂

释义　形容双方说话不在一个频道上，无法进行有效沟通。

垭口上的新闻——道听途说

释义　路上听来的并加以广泛传播的话。泛指各种没有真凭实据的传闻。

胭脂当粉搽——闹了个大红脸

释义　指人因为难为情，脸变红了。

腌萝卜拌黄瓜——都闲(咸)着

释义　比喻无所事事的样子。

岩壁上打洞——旁敲侧击

释义　侧，旁边。击，敲打。从一旁或侧面敲敲打打。比喻说话或写文章不从正面直接说明本意，而从侧面委婉表达。

炎夏天的火炉子——讨人嫌

释义　指让人感到厌恶和嫌弃。

盐店的老板转行——不管闲(咸)事

释义　指不去管无关紧要的事情，或是跟自己没有关系的事情绝不掺和。

盐缸里出蛆——稀奇

释义　指因为罕见而感到新奇。

阎王给小鬼拜年——颠倒着做

释义　指做事分不清主要和次要顺序，颠倒了主次地位。

阎王老子做木匠——鬼斧神工

释义　形容建筑、雕塑等技巧高超，像是鬼神制作出来的。

阎王讨债——催命鬼

释义 指催人早死的鬼。多用以比喻庸医、悍吏、恶霸等。

阎王写文章——鬼话连篇

释义 指满口说的全是蒙骗人的胡言乱语。

阎王爷点生死簿——一笔勾销

释义 指把账一笔抹掉。现在常用来比喻把一切完全取消或再也不提往事。

阎王爷使计谋——诡(鬼)计多端

释义 指欺诈的计谋层出不穷。也形容坏主意很多。

颜料店的抹布——不分青红皂白

释义 指态度武断或蛮横,不问情由,不论是非曲直。

眼睛长在鼻尖下——悲观失望

释义 指对世上的事情怀有一种丧失信心的、消极的看法。

眼睛只瞅见鼻梁下两片肉——目光短浅

释义 指缺乏远见卓识,只顾眼前利益。

眼前埋地雷——一触即发

释义 原指把箭扣在弦上,随时等着射出去。现比喻事态发展到了十分紧张的阶段,稍一触动就会立即爆发。

演古戏打破锣——陈词滥调

释义　形容语言缺乏新意，显得陈旧平庸。

演完越剧唱京戏——南腔北调

释义　原指戏曲的南北腔调。现形容说话口音不纯，掺杂着方言。

演员卸妆——真相大白

释义　事情的真实情况完全弄清楚了。

宴席上吵架——不欢而散

释义　欢：高兴；愉快。散：分开；分手。指很不愉快地分手。

燕口夺泥——细索求（无中生有）

释义　在燕子嘴巴里去抢夺它叼着的泥巴，少之又少。

羊肠小道——绕来绕去

释义　比喻说话不直接、不干脆。

羊圈里关狼——自招灾祸

释义　比喻自己把坏人招引进来，结果给自己带来了不可想象的麻烦。

羊群里的骆驼，鸡群里的仙鹤——与众不同

释义　指与其他人不一样。

羊群里钻进一只狼——一团混乱(遭殃)

释义 指遇到麻烦。

羊头安在猪身上——颠倒黑白

释义 把黑的说成白的，把白的说成黑的。比喻歪曲事实，混淆是非。

杨五郎削发——半路出家

释义 比喻中途改行从事其他工作。

杨志卖刀——忍痛割爱

释义 杨志：《水浒传》里的人物。指忍受痛苦放弃心爱的东西。

养蛇咬自己——自取其祸

释义 比喻自己招灾惹祸，害了自己。

腰里别算盘——时刻为个人打算

释义 比喻私心很重，只注重个人利益的得失。

要饭的打竹板——耍贫嘴

释义 指爱开玩笑，说一些让对方不会生气的话。

要饭的看丈母娘——穷孝顺

释义 指尽心奉养父母，顺从父母的意志。

钥匙插进锁孔里——开窍了

释义 指顿时醒悟，突然明白。

爷俩分家——另起炉灶

释义 比喻放弃原来的，从头做起。

野猫进宅——鸡犬不宁

释义 形容声音嘈杂或骚扰得厉害，连鸡狗都不得安宁。

叶公好龙——口是心非

释义 嘴上说的和心里想的完全不同。指心与口不一致。

夜叉骂街——不堪入耳

释义 夜叉：相貌丑陋、凶恶的人。指说的话使人听不进去。也形容语言粗俗，十分难听。

夜里行船——摸不到边

释义 比喻说话做事空泛，接触不到实际问题。

夜猫子进宅——没安好心

释义 指伪装善良，实则包藏祸心。

夜明珠喘气——活宝

释义 指举止可笑的人或滑稽的人。

一百斤米做稀饭——难熬

释义　指难以忍耐(疼痛或艰苦的生活等)。

一个巴掌——拍不响

释义　比喻事情的发生有很多原因，不会是由单方面引起的。

一个方凳坐两人——亲密无间

释义　间：缝隙，隔阂。形容关系非常亲密，没有一点儿隔阂。

一跟头栽到屋外边——门里出身

释义　指从事本业，熟练在行。即学以致用。

一加一等于二——没错

释义　形容情况非常真实，不容怀疑。

一脚踢不出个屁来——窝囊废

释义　形容一个人怯懦无能。

一口吃下扁担——横了心

释义　形容决心非常大。

一粒米熬三碗汤——淡而无味

释义　形容说话、写文章内容平淡，无趣味。

一屁股坐在铡刀上——切肤之痛

释义 比喻亲身感受的痛苦，极其深切。

一枪打两只黄羊——一举两得

释义 做一件事同时得到两方面的好处。

一锹挖出个金娃娃——异想天开

释义 比喻想法离奇，实现不了。

一群哑巴在一起——指手画脚

释义 形容说话时兼用手势示意。也形容轻率地指点、批评。

一只脚踩在门槛上——不知进退

释义 不知道前进或是后退。形容无决断。

一只手遮脸——独当一面

释义 指单独承担一方面的工作或使命。

阴沟里荡舟船——寸步难行

释义 形容走路困难。也比喻处境艰难，活动不得。

阴间秀才——阴阳怪气

释义 形容说话、态度不真诚、不坦率，拐弯抹角，叫人摸不透真实意图。

婴儿饿肚皮——有奶便是娘

释义 谁有奶水，就认谁做娘。比喻见利忘义，谁给好处就投靠谁。

鹦鹉学舌——人云亦云

释义 别人说什么，自己也跟着说什么。形容没有主见，随声附和。

油干灯草尽——奄奄一息(熄)

释义 呼吸微弱，只剩下一口气。形容即将死亡。

有福同享，有祸同当——同甘共苦

释义 共同享受幸福，共同担当艰苦。比喻同欢乐，共患难。

有了一福想二福，有了肉吃嫌豆腐——贪得无厌

释义 比喻非常贪婪，没有满足的时候。

有钱人家的看门狗——势利眼

释义 势利：按地位高低、财产多少来待人。泛指作风势利或思想势利的人。

鱼儿得水，鸟儿入林——自由自在

释义 形容不受拘束和限制，十分安闲舒适。

玉帝的手书落人间——泄露天机

释义　天机：旧指神秘不可知的天意。比喻泄露了别人不知道的机密。

玉帝爷嘴上拔胡子——胆大包天

释义　形容胆子非常大，敢于胡作非为。

玉皇大帝做媒——天作之合

释义　天意安排的美满婚姻。形容人婚姻美满幸福。

乐队里敲破锣——不入调

释义　比喻做事不专一，把互不相干、毫无联系的事情联系在一起。

阅览室里翻报纸——大有文章

释义　指言谈、文字或表露的现象之中有令人捉摸不透的意思。

试一试

1. 他们都在鸭子踩水——____________，竞争经理这个职位。
2. 你们两个打架都有错，毕竟一个巴掌——____________。

参考答案　1. 暗使劲　2. 拍不响

歇后语故事

阎王老子做木匠——鬼斧神工

“鬼斧神工”最早出自《庄子·达生》。鲁国有个技艺非常高超的木匠，名叫庆，人称梓庆。他能制作各种精巧的木器。有一次，他用木头削雕了一个鐻。它外形美观，花纹精细，人们都不相信这是人工做出来的，而像出自鬼神之手。鲁国的国君见到这个用木头制作的鐻后，也连声称赞，特地问梓庆：“你是用法术做的它吧？”梓庆笑笑说：“我是一个凡人，哪里有什么法术？”国君又问道：“那你是怎样制作的？”梓庆说：“我在设计这个鐻的时候，聚精会神，没有杂念，连自己四肢的形态都忘了。然后，再到山林去仔细找寻完全合用的木材。等到制作时，心里只想着鐻，把所有的心血都凝聚在它上面，避免主观成见，这样就能制作出好的鐻了。”“鬼斧神工”原义是指像是鬼神制作出来的。后来形容技巧高超，不像是人力所能达到的。

杂货店的买卖——挑挑拣拣

释义 指从中仔细挑选。

杂货铺里卖棺材——无奇不有

释义 指什么稀奇的事物都有。

砸锅卖铁——锤子买卖

释义 不考虑以后怎样，只做一次交易。比喻只看眼前，不看长远。

宰个鸽子也要请屠夫提刀——小题大做

释义 原义是科举考试，以“四书”文句命题叫“小题”，以“五经”文句命题叫“大题”，引申为拿小题目做大文章。后用以比喻将小事视为大事办理，有故意夸张的意思。

宰相门第元帅府——门当户对

释义 指男女双方家庭的社会地位和经济状况相当，结亲很合适。

灶门前的烧火棍子——焦头烂额

释义 原指头部烧伤严重。后用以比喻处境或情态十分狼狈窘迫。

灶王爷的横批——一家之主

释义　指家庭中的当家人。

贼娃子说梦话——不打自招

释义　指没有用刑就招认了自己的罪行。也比喻无意中说出自己干的坏事或泄露了自己不好的想法。

增一分太长，减一分太短——恰到好处

释义　恰：恰巧，正好。指说话做事恰好到了最合适的地步。

蚱蜢碰上鸡——在劫难逃

释义　旧时迷信的人认为命里注定要遭受的灾难是无法逃脱的。现有时也用来指某种灾害不可避免。

战争贩子唱和平——口蜜腹剑

释义　嘴上说得很甜美，心里却怀着害人的主意。常用来形容两面派的狡猾阴险。

站在海边打咳声——望洋兴叹

释义　在伟大的事物面前感叹自己的渺小。现多比喻做事时因为力量不够或没有条件而感到无可奈何。

站在山上看马斗——踢不着，咬不着

释义　比喻不参与到一些事情中，只站在旁边观望。

蘸雪吃冬瓜——淡而无味

释义　泛指清淡无味。也形容文章或言辞内容浮浅，没有趣味。

张飞吃豆芽——小菜一碟

释义 比喻微不足道的事情，或随时都可以轻而易举对付的小事情。也形容事情很容易办成。

张飞上阵——横冲直撞

释义 形容乱冲乱撞或蛮不讲理。

张飞讨债——气势汹汹

释义 形容态度或声势十分凶猛。

张飞战关公——忘了旧情

释义 指人原则性强，不记挂过去的情义。

张果老骑毛驴——倒行逆施

释义 做事违反常理，不择手段。现多指所作所为违背时代潮流或人民意愿。

张驴儿上公堂——恶人先告状

释义 张驴儿：《窦娥冤》中的一个反面人物。指坏人或理亏的人抢先诉说或歪曲事实。

张三(狼)和大虫(老虎)抢食——狼吞虎咽

释义 形容吃东西又猛又急的样子。

张生回头望莺莺——恋恋不舍

释义 比喻极其爱慕，不能丢开。现形容非常留恋，舍不得离开。

张天师贩寿星——倚(以)老卖老

释义　倚仗年纪大，摆老资格，轻视他人。

张天师卧病在床——不可救药

释义　原指病重到无法救治。现通常指人或事物坏到极点，无法挽救。

丈二和尚——摸不着头脑

释义　指弄不清是怎么回事。

丈母娘跺脚——为时已晚

释义　时间太晚，挽回不了或很难挽回。

招牌上挂马桶——臭名远扬

释义　名：名声。扬：传播。通常指恶名流传很远。

赵括徒读父书——纸上谈兵

释义　赵括：赵国名将赵奢之子。指在纸面上谈论打仗。也比喻空谈理论不能解决实际问题。

赵五娘写家书——难字当头

释义　形容生活中困难无处不在，无处不有，前景不乐观。

赵子龙上阵——单枪匹马

释义　原指一人上阵，没有人帮助。后比喻单独行动或独身一人。

针尖上落芝麻——难顶

释义　多指事情棘手，一般人坚持不下来。

睁眼瞎考状元——丢人现眼

释义 状元：科举时代，殿试考取一甲第一名的人。指到处丢脸和出丑。

正月十五的走马灯——反复无常

释义 反复：颠过来倒过去。无常：变化不定。形容反反复复，变化不定。

织布不用梭子——就靠吹

释义 比喻人既有心眼，又极油滑，不老实。

直巷赶狗——回头一口

释义 把狗赶到死胡同，狗就会转头咬人。也比喻不给坏人留出路，他就会拼死抵抗。

纸糊的拳头——轻而易举

释义 形容事情容易做，不费力。

指着秃子骂和尚——借题发挥

释义 指借着谈论另一事为由而说明自己心中的真实意图。

中秋节的月亮——光明正大

释义 指心怀坦荡，言行正派。

中式服装西式领——独出心裁

释义 原指诗文的构思有独特之处。后泛指想出的办法与众不同。

诸葛亮草船借箭——有借无还

释义　指借别人东西耍赖不归还。

诸葛亮当军师——足智多谋

释义　指富有智慧，善于谋划。也形容人善于料事和用计。

诸葛亮焚香操琴——故弄玄虚

释义　指故意玩弄花招，使人迷惑，无法捉摸。

诸葛亮三气周瑜——略施小计

释义　指稍微运用小计谋。

猪八戒扮新娘——其貌不扬

释义　指长得不漂亮。

猪八戒吃核桃——囫囵吞

释义　囫囵：整个儿。原指整个吞下去，不加咀嚼，不辨滋味。后比喻学习不加分析地笼统接受。

猪八戒打蚂蚱——笨手笨脚

释义　形容人动作笨拙。

猪八戒戴眼镜——冒充斯文

释义　冒充：指用假的来代替真的事物或人。斯文：温和有礼貌。指假装温和有礼的样子骗人。

猪八戒掉进万花筒——丑态百出

释义　百：概数，形容多。比喻各种丑陋模样都表现了出来。

猪八戒喝磨刀水——内秀(锈)

释义 形容人外表不灵巧实际上聪明、细心。

猪八戒西天取经——三心二意

释义 心里既想这样，又想那样。形容犹豫不决或意志不坚定。

猪八戒绣花——粗中有细

释义 指人做事粗鲁或人的性格粗犷，但又很细心。

猪血煮豆腐——混淆黑白

释义 指故意制造混乱，颠倒是非。

竹篮盛稀饭——漏洞百出

释义 比喻说话、写文章没有充足的理由和根据。也形容做事破绽很多。

竹筒子里看天——一孔之见(所见不广)

释义 比喻狭隘片面的见解。

竹子当鼓——敲竹杠

释义 指利用别人的弱点或用某种借口抬高价格或索取财物。

煮熟的鸭子飞上天——弥天大谎

释义 形容非常荒谬的谎言。

庄稼汉爬梯田——步步高升

释义 形容地位提高得快而顺利。

庄稼人看告示——一篇大道理

释义 指高于一般的原则和理论。也指脱离实际的空洞理论。

啄木鸟治树——入木三分

释义 原形容书法的笔力极为强劲。现比喻见解、议论分析得很深刻。

姊妹找婆家——各得其所

释义 婆家：已婚女子称丈夫的家。形容每一个人或事物都得到恰当的安排。

自来水坏了龙头——放任自流

释义 任凭事态自然地发展，不加过问或约束。

走廊上开铺——不留余地

释义 指说话、办事走极端，没有回旋的余地。

走路换草鞋——喜新厌旧

释义 喜欢新的，厌弃旧的，多指爱情不专一。

走夜路吹口哨——虚张声势

释义 形容假装出强大的气势，借以吓人。

祖传的被单——破烂不堪

释义 形容破败得十分厉害。

嘴唇上贴膏药——免开尊口

释义 免：不要。不必开口说什么。多表示要求不会得到同意。

嘴里塞黄连——有苦难诉(有苦说不出)

释义　黄连：中药材，清热泻火，其味至苦。比喻十分难过，但是表达不出来。

醉翁之意不在酒——另有所图

释义　指本意不在喝酒，而在于欣赏山景。后比喻本意不在于此而别有用心。

左耳朵进，右耳朵出——耳旁风

释义　比喻不把听到的话放在心上。

坐车不买票——白搭

释义　指白费心思，没有任何作用。

做梦掉下井——一场虚惊

释义　指事后才知道是不必要的惊慌。

做梦游华山——好景不长

释义　景：光景。长：长久。美好的光景不能永远存在。形容好的事物很短暂。

做梦坐飞机——想入非非(飞飞)

释义　指意念进入虚幻境界，完全脱离实际。也比喻不切实际的胡思乱想。

做砖的坯子、插刀的鞘子——框框套套

释义　指被视为固定的、过时的而不能变通的一系列条例规定。

试一试

1. 本想去听阿云嘎的音乐会，可票价却让我站在海边打咳声——________________。

2. 这个张果老骑毛驴——________________的暴君终于被送上了断头台。

参考答案 1. 望洋兴叹 2. 倒行逆施

歇后语故事

赵括徒读父书——纸上谈兵

“纸上谈兵”出自《史记·廉颇蔺相如列传》。赵括是战国时期名将赵奢之子，他从小就学习兵法，熟读兵书。公元前260年，秦国与赵国在长平激战，主将廉颇下令固守，然后伺机反攻。秦国得知此事，就派人到赵国散布谣言，声称秦军最怕赵括，如果赵括统领赵军，秦军一定不能抵挡。赵孝成王信以为真，立即撤了廉颇，命赵括领兵。赵括刚上战场，就强调要主动进攻。在长平，赵括率领几十万大军全线出击，结果身陷秦军的天罗地网之中，最后全军覆没，赵括本人也被乱箭射死。“纸上谈兵”原指熟读兵书，却不能活用。后形容只会空谈理论，不能解决实际问题。也比喻空谈不能成为现实。